Angelika Gulder
Der Seelen-Navigator

Für meine Familie

Angelika Gulder

Der *Seelen* Navigator

In 7 Schritten zu deinem wahren Lebensplan

arkana

Der Seelen-Navigator® ist eine eingetragene Marke und marken- und urheberrechtlich geschützt. Jede Vervielfältigung oder Verwendung der gesamten oder einzelner Inhalte ohne schriftliche Einwilligung des Rechteinhabers ist untersagt.

Der Verlag weist ausdrücklich darauf hin, dass im Text enthaltene externe Links vom Verlag nur bis zum Zeitpunkt der Buchveröffentlichung eingesehen werden konnten. Auf spätere Veränderungen hat der Verlag keinerlei Einfluss. Eine Haftung des Verlags ist daher ausgeschlossen.

Verlagsgruppe Random House FSC® N001967

1. Auflage
Originalausgabe
© 2016 Arkana, München
in der Verlagsgruppe Random House GmbH,
Neumarkter Str. 28, 81673 München
Lektorat: Anne Nordmann
Umschlaggestaltung: Uno Werbeagentur, München
nach einem Entwurf von Sina Gulder
Umschlagmotiv: tomer turjeman – Fotolia
Bildnachweis: Leuchtturm-Icon Sina Gulder
Satz: Buch-Werkstatt GmbH, Bad Aibling
Druck und Bindung: CPI books GmbH, Leck
Printed in Germany
ISBN 978-3-442-34202-0

www.arkana-verlag.de

Inhalt

Eine Vorbemerkung 7
Der Sinn deines Lebens 8
Meine Geschichte 14

1. Teil
Die geistige Welt 33

Grundannahmen 35
Die Seele 38
Die himmlischen Helfer 44
Die Entwicklung der Seele 57
Der Mythos der Seelengefährten und Dualseelen 68
Seelenfamilien 73

2. Teil:
Der Seelen-Navigator 75

Der Plan der Seele 77
Die 7 Schritte des Seelen-Navigators 79
Archetypen – eine Einführung 82
1. Schritt: *Deine archetypische Seelenrolle
   über alle Leben hinweg erkennen* 86
2. Schritt: *Den Archetyp für dieses Leben berechnen* 98
3. Schritt: *Den Genius formulieren* 129
4. Schritt: *Die Berufung finden* 146
5. Schritt: *Die Big Five der Seele entwickeln* 155

6. Schritt: *Die Seelen-Lernaufgaben verstehen* 162
7. Schritt: *Der Seelen-Navigator auf einen Blick* 173

3. Teil
Den Weg der Seele gehen 179

Drei Wege zum Glück 181
Erkenntnisse in Ziele umwandeln 183
Visualisierung des Seelen-Navigators 187
Die geistige Welt um Hilfe bitten 190
Zum Abschluss 205
Dem Himmel sei Dank 207

Anhang 209

Erdenengel 211
Literaturverzeichnis 217
Coaching-Ausbildungen, Seelenreisen
   und Coaching auf der Engelsfarm 219

Eine Vorbemerkung

Liebe Leserin, lieber Leser,

in diesem Buch spreche ich dich in der Du-Form an. Das tue ich nicht aus Unhöflichkeit. Ich tue das, weil es hier im Buch um die Seele geht. Um deine Seele, um meine Seele und um Seelen und ihre Aufgaben im Ganzen.
Dieses Thema ist sehr intim. Wir werden uns dabei ziemlich nahekommen und du wirst auch viel über mich und meine Seele erfahren. Fast so, als würden wir im Seminar oder beim Coaching persönlich miteinander sprechen. Dich zu siezen würde sich dabei wie eine Barriere anfühlen und uns voneinander entfernen, und das soll es nicht.
Mein Wunsch ist es, dir hier Inspiration und Anleitung zu geben, damit du deiner Seele und damit dir selbst (wieder) wirklich nahekommen kannst. Und deine Seele – genau wie dein Unterbewusstsein – lässt Aussagen im Du einfach sehr viel näher an dich heran. So kannst du deine innere Wahrheit noch leichter finden.

Ich freue mich auf diese gemeinsame Reise mit dir.

Alles Liebe
Angelika

Der Sinn deines Lebens

Warum bist du auf dieser Welt? Was ist der Sinn deines Lebens? Wie kannst du Glück, Leichtigkeit und Erfüllung finden? Gibt es das überhaupt?

Ja, das gibt es. Für jeden. Auch für dich. Wenn du dem Plan deiner Seele folgst.

Meine archetypische Seelenrolle ist der Weise. Schon als kleines Kind wusste ich, dass ich später Bücher schreiben würde. Als ich älter wurde, wollte ich Lehrerin, später Seminarleiterin werden. Mein Wunsch war es schon immer, Wissen zu teilen. Doch daneben gab es noch einige andere Themen, die ich in dieses Leben mitgebracht habe und so brauchte es viele Jahre, mehr als dreißig Jobs und Berufe und viele Irrungen und Wirrungen, bis ich endlich meine Berufung gefunden und wirklich begonnen habe, den Weg meiner Seele zu gehen.

Vielleicht hast du dich schon früh um andere gekümmert und deine Seelenrolle ist der Heiler. Dann hast du dich vermutlich selbst dabei vergessen, denn das ist typisch für Heiler zu Beginn ihres Weges. Oder du bist ein Krieger und hast dich in der Schule bereits für andere eingesetzt, warst vielleicht Klassen- oder Schulsprecher und bist für die gute Sache in den Kampf gezogen. Oder du hast eine der anderen Seelenrollen mit ihren ganz eigenen Herausforderungen.

Der Sinn dieses Buches

Dieses Buch soll dir helfen herauszufinden, wer du bist und warum du – diesmal – auf dieser Welt bist. Seit ewigen Zeiten suchen die Menschen nach Antworten auf die Frage nach dem Sinn ihres Lebens. Woher sie kommen. Warum ihnen zum Teil schreckliche Dinge geschehen (und anderen nicht). Warum sie sind, wie sie sind. Was nach dem Tod kommt. Und was ihre Aufgabe auf diesem Planeten ist. Manche Menschen beantworten sich diese Fragen eher lapidar: »Das Leben hat keinen besonderen Sinn. Ich bin einfach da und irgendwann wieder weg. Wenn's gut läuft, hinterlasse ich noch etwas für die Nachwelt. Muss aber auch nicht sein. Wenn ich tot bin, bin ich eben tot.« Für andere wird es zum Mittelpunkt ihres Strebens, Antworten zu finden, weil sie spüren oder wissen, dass ihr Leben mit dem Tod nicht zu Ende ist.

Wenn du dieses Buch hier liest, gibst du dich vermutlich nicht mehr mit oberflächlichen Antworten zufrieden, sondern hast das Bedürfnis, mehr über dich, dein Leben, deine Seele und deine wahre Herkunft herauszufinden. Du willst verstehen und nachvollziehen können, warum die Dinge sind, wie sie sind. Du spürst Sehnsucht in dir nach Klarheit und Wahrheit. Und vor allem hast du vermutlich den Kampf mit den Unbilden des Schicksals und die Unsicherheit satt.

Vielleicht legst du dieses Buch am Ende weg und hast deine Antworten gefunden. Vielleicht hat es auch ein paar neue Fragen aufgeworfen. Oder vielleicht lässt du die restlichen Unklarheiten am Ende einfach los, in der Sicherheit, dass du alles schon zu seiner Zeit verstehen wirst, wenn deine Seele es so für dich in diesem Leben vorgesehen hat.

Wir alle haben einen Körper, der von unserer Seele belebt wird. Und vor unserer Geburt hat unsere Seele einen Plan für unser Leben erstellt. Eine Art Seelen-Landkarte, der wir folgen können, wenn wir lernen, sie zu lesen. Darin hat unsere Seele festgelegt, wer unsere Eltern sind, welche Persönlichkeit wir zum Ausdruck bringen werden, wen wir treffen und auch wann, welche Herausforderungen uns begegnen, welche Berufung wir leben wollen und welche alten Ängste es zu überwinden gilt. Dummerweise gibt es niemanden, der uns zu Beginn unseres Lebens lehrt, wie wir unsere Seelenkarte lesen können. Darum irren wir viele Jahre herum auf der Suche nach unserem Weg.

Ob wir ihn eines Tages finden und ob wir uns überhaupt auf den Weg machen, das entscheiden wir selbst. Wir entscheiden, uns von der Vorstellung zu lösen, dass das Leben zufällig geschieht und öffnen unseren Blick, um unsere Seelenkarte zu überschauen und dabei festzustellen, dass alles, was geschieht, von langer Hand von uns selbst geplant war.

Auch mein Weg war von meiner Seele für mich vorgezeichnet. Ich bin in dieses Leben gekommen, um Seelen zu entwickeln. Meine eigene Seele und die anderer Menschen. Dazu gehört einerseits, die Wege der Seele, ihre Struktur, ihre Berufung und ihre Aufgaben wirklich gründlich zu verstehen. Und andererseits, dieses Wissen um die geistige Welt an andere Menschen weiterzugeben und für meine Arbeit, meine Kunden und meine eigene Entwicklung zu nutzen.

Ich erzähle dir hier meine Geschichte, damit du nachvollziehen kannst, wie es zu diesem Buch gekommen ist. Und damit du weißt, dass ich die Dinge, die ich hier über die Seele, ihre Aufgaben und die geistige Welt schreibe, selbst erlebt und viele Jahre lang immer wieder verifiziert habe.

Was dich hier erwartet

In der Einleitung berichte ich dir von meiner eigenen Reise, vom Suchen und Finden meines Seelenwegs. Im ersten Teil des Buches gebe ich dir mein Wissen über die geistige Welt und die Heimat unserer Seele weiter. Ein bisschen Theorie muss schon sein. Im zweiten Teil findest du dann eine ganz konkrete Anleitung zum Erkennen und Verstehen deines eigenen Seelenwegs. Und im dritten Teil bekommst du von mir erprobte Methoden für die Umsetzung deiner Erkenntnisse im Alltag. Du sollst deinen Seelenweg und den Plan deiner Seele am Ende schließlich nicht nur kennen, sondern ihn auch gehen und erfüllen können.

Seit meiner Kindheit habe ich unzählige Bücher über Berufung, die Seele und den Sinn des Lebens gelesen. Nicht eins war dabei, das mir einen klaren Fahrplan oder eine stringente Methode geboten hätte, mit der ich konkrete Antworten auf meine drängenden Fragen hätte finden können. Im Gegenteil, da die Autoren höchst unterschiedliche Definitionen von Seele, Seelenfamilie, Karma, den Aufgaben und der Berufung der Seele hatten, war ich nach dem Lesen oft noch verwirrter als vorher. Heute verstehe ich, wieso. Jeder formuliert sein Wissen dazu auf Basis seiner eigenen Prägungen, seiner Erziehung, seines Weltbilds, seiner Erfahrungen. Und auch auf Basis seiner Seelenrolle, seines Seelenarchetyps, seines Genius und seiner Seelen-Lernaufgaben für dieses Leben. Die einzig richtige Definition gibt es deshalb schlichtweg nicht. Sie ist für jeden von uns ein bisschen anders.

Ein Buch, wie du es hier in Händen hältst, hätte mir selbst unendlich geholfen zu verstehen, was meine Seele sich für dieses Leben vorgenommen hat. Und warum ich so lange gebraucht habe, um endlich dort anzukommen, wo ich wirklich hingehöre.

Das Konzept für dieses Buch lag schon viele Jahre in meiner Schublade. Schon lange gebe ich Seminare über die Themen, die du hier findest und immer wieder wurde ich von meinen Teilnehmern gefragt, ob sie die vermittelten Inhalte irgendwo nachlesen können. Aber lange habe ich mich davor gescheut, damit an die große Öffentlichkeit zu gehen. Statt dieses Wissen freudig zu teilen, habe ich viele Jahre versucht, meine »Gaben« und mein »Anderssein« möglichst nicht zu zeigen. Doch die Energie auf der Erde hat sich verändert. Immer mehr Menschen sind auf der Suche nach Antworten. Und nun auch bereit dafür.

In den letzten zwanzig Jahren habe ich viele tausend Menschen persönlich beim Finden ihrer Berufung begleitet und viele hundert Coaches ausgebildet, das Gleiche zu tun. Es hat mir immer Freude gemacht, und ich bin dankbar, diese Arbeit tun und dadurch meine eigene Berufung leben zu können. Aber etwas Entscheidendes hat dabei lange Zeit gefehlt. Einen wichtigen Teil der Bestimmung meiner Seele habe ich geheim- und zurückgehalten. Dieser Teil ist meine Kommunikation mit der geistigen Welt. Der Austausch mit meinen himmlischen Helfern und meine Arbeit als Medium. (Als Medium bezeichnet man Menschen, die in der Lage sind, auch die geistige Welt wahrzunehmen und oft auch Botschaften aus dieser zu vermitteln. Ein Mittler zwischen Himmel und Erde quasi.)

Natürlich heißt das nicht, dass auch du ein Medium sein sollst (obwohl das natürlich eine Option ist, denn jeder von uns hat diese Gabe). Ich habe dieses Buch geschrieben, damit du Antworten auf die existenziellen Fragen deines Lebens und die Berufung deiner Seele findest und dir dabei die Umwege ersparst, die ich so viele Jahre genommen habe. Mein Wissen um die Psyche, die Seele und die geistige Welt sind dabei die Grundlage.

Als Medium gebe ich dir Informationen über die geistige Welt. Als Psychologin zeige ich dir Entwicklungsmöglichkeiten, rote Fäden und Zusammenhänge in deinem Leben. Und als Ganzheitlicher Coach und Expertin für die Seele helfe ich dir, dein wahres Selbst zu erkennen, deinen Seelenplan zu ergründen und zu verstehen, wie alles in deinem Leben zusammenhängt.

Ich wünsche mir außerdem von Herzen, dass du verstehst und fühlst, dass du nicht allein bist. Niemals. Niemand ist jemals allein. Wir alle sind auf der gleichen großen Reise, wenn auch oft an unterschiedlichen Stationen. Aber wir alle haben das gleiche Ziel. Und egal, welchen Weg wir nehmen und wie lange wir dafür brauchen, wir alle reisen nach Hause.

Die drei Navigatoren

In meinem ersten Buch habe ich über die Berufung, den richtigen Job und die passenden Lebensumstände geschrieben und eine Methode entwickelt, mit der man sie finden kann. Diese Methode heißt »Karriere-Navigator«.

Im zweiten Buch habe ich über das Potenzial geschrieben, das in jedem Einzelnen von uns steckt und wie man es anhand der eigenen Lebensträume erkennen und leben kann. Das ist der »Lebenstraum-Navigator«.

In diesem Buch findest du meinen dritten Navigator, den »Seelen-Navigator«. Mit ihm kannst du deine Essenz, die Berufung deiner Seele, ihre Ausdrucksform in diesem Leben und deine Seelen-Lernaufgaben erkennen und als Richtschnur für alle weiteren Schritte und Entscheidungen in deinem Leben nutzen.

»Navigator« steht dabei für das tiefe innere Wissen über uns selbst und unsere göttliche Herkunft. Für unsere innere Stimme, die uns den Weg weist, wenn wir uns für sie öffnen und bereit sind, sie zu hören.

Meine Geschichte

Ich bin Diplom-Psychologin, Ganzheitlicher Coach, Coach-Ausbilderin, Therapeutin, Unternehmerin, Bewohnerin eines alten Bauernhofs mit vielen Tieren und einem schönen Seminarraum, Ferienhausvermieterin, Mutter und Ehefrau. Ich bin ein großer Freund von Zahlen, Daten und Fakten, liebe wissenschaftliches Arbeiten und hatte viele Jahre vor, in Psychologie zu promovieren. Dass es nicht dazu kam, hat mit der Stimme meiner Seele zu tun, die mir deutlich davon abriet und mich auf andere Wege führte. Ich erwähne das hier, um dir zu zeigen, dass das, was du in diesem Buch lesen wirst, nicht von einer weltfremden Person geschrieben wurde, sondern von einer geerdeten Frau, die erfolgreich durchs Leben geht.

Von klein auf war ich auf der Suche nach Beweisen und nicht bereit, einfach zu glauben, was ich las oder was mir erzählt wurde. Ein Spruch, den ich auf einer Karte fand, wurde der Lieblingssatz meiner Kindheit (und er ist es bis heute): »*Das Universum ist ein freundlicher Ort, der geduldig darauf wartet, dass unser Verstand größer wird*«. Darin steckte für mich der Wunsch, so lange zu forschen, bis ich die Zusammenhänge verstehen würde. Inzwischen habe ich viele Erfahrungen gemacht, die für mich Beweise für die Existenz der Seele und der geistigen Welt sind, und freue mich, meine Erkenntnisse und mein Wissen hier mit dir zu teilen.

Natürlich gehe ich mit der Veröffentlichung dieses Buches ein gewisses Risiko ein. Als diplomierte Psychologin mit eigener Praxis und einer sehr erfolgreichen Coaching-Ausbildung habe ich in den letzten fünfzehn Jahren meinen Expertenstatus in Sachen Berufung, Lebensträume und Ganzheitlichem Coaching etabliert. Ich bin häufig in Radio- und Fernsehsendungen zu Gast und werde regelmäßig zu diesen Themen interviewt. Und nun schreibe ich über etwas, das sich heute (noch) nicht vollständig beweisen lässt. Doch die meisten wissenschaftlichen Erkenntnisse basieren ja ursprünglich auf der Suche nach Erklärungen für das Unerklärliche. Passen Wissenschaft, Forschung und Spiritualität also zusammen? Ich finde, ja.

So fing alles an

Ich wurde 1967 geboren. Nah am Ende des Wirtschaftswunders und kurz vor der ersten Mondlandung. Mein Vater war als Freiheitskämpfer bis wenige Jahre vor meiner Geburt als Staatsfeind in der ehemaligen DDR inhaftiert gewesen. Nach zwölf Jahren Folter und Gewalt wurde er von der damaligen Bundesregierung freigekauft und in den Westen, nach Hamburg, entlassen. Hier lernte er ein Jahr später meine Mutter kennen. Diese war als junge Frau vor der Enge ihres Elternhauses nach England geflohen. Als mein Vater sie traf, war sie zuerst noch angestellt, machte sich später aber als Übersetzerin selbstständig.

Meine Eltern gingen bald nach Frankfurt, wo sie auch heirateten und ich ein Jahr später zur Welt kam. Mein Vater hatte einen einfachen Schulabschluss und keinerlei Ausbildung, was für viele galt, die als junge Männer in den Krieg gemusst hatten. Trotzdem stieg er durch Zuverlässigkeit, Charisma und Fleiß nach einigen Jahren zum Leiter der Organisationsabteilung der Stadt Frankfurt auf. Er war überall beliebt. Auch ich liebte ihn sehr und bin ihm unendlich dankbar für die Erdung und die Liebe zur Freiheit, die er mir mit auf den Weg gegeben hat.

Meine frühe Kindheit verlief weitestgehend ruhig, abgesehen davon, dass ich schon mit zwei Jahren immer *unter*, statt *in* meinem Bett schlief, was weder komfortabel noch besonders gesund war. Meine Eltern versuchten es mit Licht anlassen, Gitterstäbe wieder einsetzen, Bett umstellen, doch irgendwie schaffte ich es immer, meinem Gefängnis zu entfliehen und mich unter dem Bett in Sicherheit zu bringen. Schließlich gaben sie es auf und zogen mir eine Mütze und Bettsöckchen an, damit ich mich wenigstens nicht dauernd erkältete. Warum ich das tat? Damals konnte sich das niemand erklären.

Heute weiß ich, dass es zwei Gründe hatte. Der erste hatte mit meinem Vater zu tun. Er war auch in Westdeutschland weiter politisch aktiv und setzte sich als Vorsitzender der Vereinigung der Opfer des Stalinismus intensiv für die Befreiung politischer Häftlinge in der DDR ein. Darum wurde er noch immer von der Staatssicherheit beobachtet und schwebte täglich in Gefahr. Diese Bedrohung spürte ich ganz intensiv, obwohl mir als Kleinkind natürlich niemand davon erzählt hatte und ich erst viele Jahre später, nach seinem Tod, durch Einsicht in die Stasi-Akten davon erfuhr. Der zweite Grund war, dass ich tief in mir die Erfahrungen aus meinem letzten Leben wahrnehmen konnte. Ich träumte von Blut und Gewalt, von Tod und Schuld. So machte ich schon früh die Bekanntschaft mit eigentümlichen Wahrnehmungen, die mir alles andere als angenehm waren. Grund genug, mich unterm Bett zu verstecken und dort zu schlafen.

Abgesehen davon aber waren die ersten Jahre meiner Kindheit eher unspektakulär. Ich war sensibler als andere Kinder, das war relativ schnell klar, doch ansonsten kam ich gut zurecht. Obwohl wir mitten in der Stadt wohnten, war ich viel draußen und kümmerte mich um alle Tiere, die meinen Weg kreuzten. Ich setzte Käfer vom Boden wieder aufs Blatt, versorgte die Katze der Nachbarin, und der Hund des Parkwächters war mein bester Freund. Ich hatte wohl sehr früh ein großes Herz. Zu groß. Denn was mir noch sehr in Erinnerung ist, sind meine heftigen Gefühle, wenn ich alte Menschen sah. Lief eine alte Dame mit gebeugtem Rücken an mir vorbei, brach ich in Tränen aus. Bekam ich zufällig mit, dass Menschen, Tiere oder die Natur zu Schaden gekommen waren, heulte ich tagelang.

Ich sei zu zart besaitet, solle mich zusammenreißen, mich nicht so anstellen, hieß es aus meinem Umfeld. Ich denke, sie alle waren mit meiner Sensibilität überfordert. Und ich selbst verstand mich auch nicht. Wieso schienen die anderen um mich herum so viel robuster zu sein und das Geschehen in der Welt so viel besser zu ertragen? Sahen sie nicht, was für schreckliche Dinge hier geschahen?

Der Moment der »Erleuchtung«

Als ich sieben war, zogen wir von der Stadt aufs Land in einen kleinen Ort. Ein Segen für mich. Fortan war ich fast nur noch draußen in der Natur und kam innerlich etwas zur Ruhe. Etwa ein halbes Jahr nach unserem Umzug befand ich mich morgens auf dem Schulweg, als ich plötzlich etwas erlebte, das ich rückblickend als »einen Moment der Erleuchtung« bezeichne. Eben setzte ich noch einen Fuß vor den anderen, dann blieb ich abrupt stehen und verlor jegliches Zeitgefühl. Kennst du den Film *Matrix*? So fühlte sich das an. Ich nahm mich und die Umgebung nicht mehr getrennt, sondern als eins wahr. Ich sah die Straße und die Häuser, die Pflanzen und die Menschen als energetische Form. Mir wurde klar, dass alles, was ich sah, die sogenannte »Realität«, nur eine große Illusion ist. Dass in Wahrheit alles reine Energie ist und miteinander in Verbindung steht. Ich weiß nicht, wie lange ich da stand. Irgendwann bin ich wohl wieder wach geworden und zur Schule gegangen. Ein paar Tage später hatte ich diese eindrückliche Erfahrung schon wieder verdrängt. Doch ein Teil davon blieb in mir zurück und hinterließ eine grenzenlose Sehnsucht. Seit diesem Tag hatte ich das Gefühl, dass ich fremd bin in dieser Welt. Nicht hierhergehöre. So als wäre ich aus Versehen hier abgegeben worden und hätte es jetzt endlich auch gemerkt. Ich sehnte mich »nach Hause«, hatte aber als Siebenjährige natürlich keine Ahnung, warum oder wo dieses »Zuhause« sein sollte. Ich habe mit niemandem darüber gesprochen. Ich wollte nicht noch mehr auffallen und schwierig sein und konnte diese Sehnsucht damals auch kaum in Worte fassen. Einer meiner medialen Ausbilder hat mir Jahre später erzählt, dass es ganz typisch ist, mit sieben Jahren die erste Einweihung zu erhalten. Eigentlich ist das etwas sehr Schönes. Damals fand ich es aber furchtbar verwirrend und spürte seitdem einen deutlichen Unterschied zwischen mir und den anderen Kindern, mit denen ich in der Schule oder am Nachmittag zusammen war. In mir war eine Sehnsucht aktiviert worden nach einer Welt, in der alles verbunden ist und in der es sich so anfühlt wie in meiner kurzen Erfahrung auf der Straße.

Zur selben Zeit begann meine Mutter sich mit Meditation und Spiritualität zu beschäftigen. Damals gab es kaum Bücher zu diesen Themen im deutschsprachigen Raum, doch sie brachte vieles von ihren Übersetzerreisen aus Amerika mit. Später übersetzte sie selbst solche Bücher aus dem Englischen ins Deutsche. So hatte ich früh Zugang zu den Klassikern der spirituellen und esoterischen Literatur. Ich habe sie regelrecht verschlungen und bekam dadurch schon als Kind erste konkrete Ideen von der Existenz der Seele und ihrer Heimat.

Die nächsten Jahre

In der Schule gehörte ich immer zu den Besten (ich wollte nicht auch noch durch schlechte Leistungen auffallen), war beliebt und oft Klassensprecherin, und ich wurde erfolgreiche Leistungssportlerin. Allerdings flog mir nichts davon zu, sondern ich habe es mir immer hart erarbeitet. So hatte es mein Vater ja auch getan. Ich fand das ganz normal. Als ich etwa zehn Jahre alt war, startete im Fernsehen eine Serie über ein kleines Zigeunermädchen, das mit seiner Schwester die Eltern verloren hatte und mit dem Mond sprach, damit er sie wieder zu ihnen zurückführen sollte. »Mond, Mond, Mond«, sagte sie und nannte dann ihre Wünsche. So hielt ich es in den nächsten Jahren auch. Jeden Abend ging ich im Dunklen eine Runde mit meinem Hund und bat den Mond, mir zu helfen, meine wahre Heimat wiederzufinden. Ich liebte meine Eltern, aber ich wollte zurück »nach Hause«.

Dann begann die Pubertät, und ich wünschte mir nichts sehnlicher, als genauso zu sein wie alle anderen. Die Erfahrung, die ich als Siebenjährige gemacht hatte, schien mir inzwischen weit entfernt, und ich gab mir größte Mühe, all das weiter zu verdrängen. Ich fing mit dem Rauchen an, trank viel zu früh viel zu viel und tat auch sonst einige Dinge, die mir nicht gut bekamen. Die Veränderung der Energie ähnelte meinem Erlebnis mit sieben Jahren, hinterließ aber immer einen schalen Nachgeschmack. Das war also offenbar keine Lösung.

Meine Mutter verließ meinen Vater, als ich elf war. Schlimm genug, dass sie ihm das Herz brach, da konnte ich es nicht auch noch tun. So blieb ich bei ihm und wurde neben der Schule eine kleine Hausfrau. Ich ging einkaufen, kochte, räumte auf und machte sauber. Sehr geerdete Tätigkeiten, die mich gut von dem ablenkten, was mich innerlich bewegte. Parallel dazu begann ich zu schreiben. Stand jeden Tag eine Stunde früher auf, um meine Gedanken in Ruhe zu sortieren und meine Wahrnehmungen zu verstehen (das tue ich bis heute). Denn auch, wenn ich es über weite Strecken erfolgreich verdrängen konnte, gab es immer einen Teil in mir, der weitersuchte. Mein Vater starb, als ich siebzehn Jahre alt war. Von diesem Tag an war ich auf mich allein gestellt. Meine Mutter war weit weg. Weitere Verwandte gab es nicht in der Nähe. Als Erstes nahm ich mir einen Anwalt, um zu verhindern, in ein Heim eingewiesen zu werden. Wie man für sich sorgt und einen Haushalt führt, wusste ich ja. Nun war ich über Nacht erwachsen geworden. Ich suchte mir neben der Schule einen Job, um mich zu ernähren und machte mehr schlecht als recht mein Abitur.

Der bewusste Beginn meiner Medialität

Von klein auf hatte ich besondere Wahrnehmungen, auch wenn ich sie früher nicht als solche erkannt habe. Wenn ich alte Menschen sah, spürte ich in mir ihr Schicksal, ihre Lebensgeschichte, all ihre Verluste und ihren Kummer. Wenn ich das Radio andrehte, wusste ich schon vorher, welches Lied gerade lief. Häufig hatte ich Déjà-vus und kam an Orte, bei denen ich sicher war, sie schon einmal gesehen zu haben. Ich träumte Dinge, die dann ein paar Tage später eintrafen. Als mir mit Anfang zwanzig endlich klar wurde, dass das kein Fluch, sondern eine Gabe ist, entschied ich mich, damit umgehen zu lernen und die Gabe zu schulen. So machte ich Ende der 1980er Jahre meine erste mediale Ausbildung.

Die Ausbildung war eine Offenbarung. Ich lernte, Gegenstände von Fremden zu »lesen«. Den Schlüssel einer wildfremden Person in der Hand, wusste ich, wo sie wohnt, wie es dort aussieht und was sie beruflich tut (das nennt man Telemetrie). Im Rahmen der Ausbildung schrieb jeder Teilnehmer den Namen eines ihm bekannten Menschen auf, der eine Krankheit hatte. Dann wurden die Zettel gemischt und zugelost. Ich – und viele andere Teilnehmer auch – konnte genau benennen, unter welcher Krankheit die Person litt, welche Organe betroffen waren und welche Behandlung gut für sie sein könnte. Eigentlich unmöglich, oder? Und doch hat es sich im Gespräch danach bestätigt.

Leider – oder heute kann ich eher sagen zum Glück – habe ich als Kind nie Geistwesen gesehen und kann mich auch an keinen imaginären Freund erinnern. Ich gehöre nicht zu den Menschen, die von Geburt an Lichtwesen, Verstorbene, Engel oder die Aura visuell wahrnehmen konnten. Ich sprach zwar mit dem Mond, doch er war nur ein Symbol für meine Sehnsucht, weit weg und nicht körperlich spürbar für mich. Viele Medien werden bereits hellsichtig geboren. Sie merken das spätestens, wenn sie alt genug sind, um zu verstehen, dass andere die verstorbene Oma, mit der sie sich unterhalten, nicht sehen können. Früher dachte ich, jedes Medium wäre hellsichtig (denn so war es bei allen, die ich kennenlernte), doch das gilt nur für einen Teil. Es gibt auch einige von Geburt an hellhörende und hellfühlende Menschen. Erstere bekommen Informationen durch eine innere Stimme mitgeteilt. Hellfühlende spüren Berührungen von Geistwesen und können häufig Krankheiten und Schwachstellen in Menschen und Tieren finden und zum Teil auch heilen. Bis heute ist es eine Herausforderung für mich, die Aura zu sehen oder Verstorbene klar wahrzunehmen. Manchmal gelingt es, doch dann passiert es meist ganz von selbst. Wenn ich es bewusst versuche, fällt es mir oft noch schwer. Inzwischen habe ich verstanden, warum das so ist. Ich habe von all den inneren Sinnen einen Teil, vor allem aber habe ich einen weiteren Sinn: Ich bin hellwissend. Wenn ich jemandem in die Augen sehe, lese ich darin die Berufung seiner Seele und seine Lebensthemen. Und ich *sehe* keinen Verstorbenen oder Geistführer an seiner Seite, ich *weiß* einfach, wenn sie da sind und kann sie quasi blind beschreiben. Was ich mir zuerst allein und später mit meinen geistigen Helfern in vielen Jahren erarbeitet habe, funktioniert. Und dadurch, dass ich es selbst erst lernen musste, kann ich es heute an andere weitergeben.

Aber zurück zu meiner Geschichte. Während sich meine Medialität entwickelte, sammelte ich weitere Erfahrungen mit dem Leben. Ich machte eine Ausbildung zur Bankkauffrau, die mich regelrecht krank werden ließ und die ich nur zu Ende brachte, weil mein Vater sich so sehr gewünscht hatte, dass ich einen ordentlichen Beruf erlerne. Seit ich mit zwölf Jahren meine Mutter nach Formentera zu einem Meditationsseminar begleitet hatte, wusste ich, ich würde, wenn ich groß bin, auch solche Seminare geben. Darum wollte ich unter anderem Psychologie studieren. Doch dazu kam es vorerst nicht. Nach der Bank ging ich ein Jahr ins Ausland, um Sprachen zu lernen. Dort hatte ich einige intensive Begegnungen und Erlebnisse mit Menschen, die ich bereits aus anderen Leben kannte (auch wenn ich das damals nicht so konkret benennen konnte, *wusste* ich es), und arbeitete nach meiner Rückkehr für einige Zeit in der Touristikbranche. Ich war lebens- und abenteuerhungrig, reiste viel und probierte aus, wonach mir der Sinn stand. Dann wurde ich schwanger und sehr jung alleinerziehende Mutter. Beides eine gute Entscheidung. Auch wenn meine Tochter sich sehr gegen den Eintritt in diese Welt sträubte und wir beide bei der Geburt fast gestorben wären, wirkte dieses Erlebnis als

Initiation und brachte mich noch einen Schritt voran in meiner spirituellen und medialen Entwicklung.

»Die Jungs« und ich

Das war die Zeit, als ich zum ersten Mal bewusst meine geistigen Begleiter wahrgenommen habe. Ich nannte sie »die Jungs«, denn ich hatte das Gefühl, von mehreren, größtenteils männlichen Energien umgeben zu sein. Tag für Tag verstärkte sich in mir die Sicherheit, geführt zu werden. Stellte ich eine Frage, bekam ich Antworten. In Form von Zeichen, Synchronizitäten, Träumen oder durch Menschen, die mir plötzlich begegneten und mir genau die Information gaben, um die ich gebeten hatte. Ich nahm nicht aktiv Kontakt mit »den Jungs« auf, aber ich wusste, dass sie immer bei mir waren und bei Bedarf die Weichen stellten. So wurden sie ganz selbstverständlich jeden Tag ein bisschen mehr Teil meines Lebens, bis sie schließlich nicht mehr wegzudenken waren. Erst viele Jahre später lernte ich, sie voneinander zu unterscheiden und bewusst mit ihnen zu kommunizieren.

Die nächsten medialen Ausbildungen

Zwei Jahre und etliche Jobs später hatte ich dann genug Wartesemester, um endlich mein Psychologiestudium zu beginnen. Ich wollte meine Wahrnehmungen ergründen und – wenn möglich – einen fundierten wissenschaftlichen Erklärungsansatz dafür finden. Um es vorwegzunehmen: den habe ich in der recht verkopften universitären Ausbildung nicht gefunden. Aber immerhin lernte ich vieles darüber, wie Menschen im Allgemeinen und ihre Hirne im Besonderen funktionieren. Das war schon mal ein guter Anfang.

Etwa zur selben Zeit traf ich auf eine Gruppe von Menschen, die regelmäßig zusammenkamen, um über spirituelle Themen und Persönlichkeitsentwicklung zu sprechen. Von dort erhielt ich auch den Impuls zu meiner nächsten medialen Ausbildung. Der Leiter war ein charismatischer Mann, der es damals darauf angelegt hatte, mich zu erobern, obwohl er eine feste Partnerin an seiner Seite hatte. Daran hatte ich allerdings absolut kein Interesse. Mein damaliger Freund, der als Cotrainer bei ihm tätig war, glaubte mir nicht, als ich ihm von den Avancen des Ausbilders erzählte. Eines Tages – ich begleitete ihn zu einem Trainertreffen am Meer und blieb im Hotel, während das Treffen auf einem Boot in der Nähe stattfand – hörte ich plötzlich in meinem Inneren ein Gespräch. Ich *hörte* glasklar, was im selben Moment einen Kilometer entfernt auf diesem Boot besprochen wurde! Der Leiter beschuldigte mich, Gerüchte über ihn zu verbreiten und ihm schaden zu wollen, und mein Freund hatte nicht den Mut, mich zu verteidigen. Ich war schockiert, packte meine Sachen und flüchtete. Da an diesem Tag keine Flüge mehr gingen, strandete ich in einem Lokal in der Nähe, wo mein Freund mich dann schließlich fand. Ich konfrontierte ihn mit dem, was ich gehört hatte und er bestätigte es mit schlechtem Gewissen Wort für Wort.

Dieses Ereignis verunsicherte mich stark. Ich brach die Ausbildung ab und hielt mich bis auf Weiteres von Medialität so fern, wie ich nur konnte. Doch das hielt nicht lange an. Ich spürte und wusste so viele Dinge, und dauernd ereignete sich etwas, das ich vorausgesehen hatte. Ich musste diese Gabe schulen und in den Griff bekommen. So begann ich die nächste Ausbildung. Die Ausbilderin war damals eins der berühmtesten Medien in Europa und eine ehemalige Lehrerin. So war ihr System sehr strukturiert und verschult. Das machte mir Hoffnung, meine Wahrnehmungen kontrollieren zu lernen. Es lief auch gut an, und die Übungen funktionierten. Ich verfolgte ja kein besonderes Ziel mit diesen Ausbildungen, wollte keine Geistwesen channeln oder mit Verstorbenen reden. Ich wollte einfach nur lernen, mit meinen Wahrnehmungen umzugehen.

Dann kam der Tag einer Prüfung. Einer aus der Gruppe sollte den Raum verlassen, während die Leiterin der übrigen Gruppe ein Bild zeigte. Die Gruppe war aufgefordert, das Bild per Gedankenkraft an die Person vor der Türe zu schicken, die es dort telepathisch auffangen sollte. Dreimal darfst du raten, wer die Person draußen war. Irgendetwas oder irgendwer (vermutlich einer meiner »Jungs«) schiebt immer meinen Arm in die Höhe, wenn es um Freiwillige in solchen Situationen geht. Ich kam also zurück in den Raum und sollte sagen, was ich wahrgenommen hatte. Ich beschrieb zahlreiche Eindrücke, bunt und höchst unterschiedlich. Ein Teil passte auch zu dem Bild, das die Gruppe mir gedanklich geschickt hatte, der Rest aber nicht. Ich war am Boden zerstört. Bis ich in der Pause an den Tisch der Leiterin ging und zwei weitere Bilder dort liegen sah. Ich hatte sie alle drei beschrieben! Ich nahm »zu viel« wahr. Doch genau das wollte ich nicht mehr. Darum brach ich auch diese Ausbildung ab.

Zusammenbruch und Neubeginn

Nebenbei lief mein Studium weiter, das ich mir selbst finanzierte, weshalb ich permanent zwischen der Uni, meinem Kind, dem Hund, den wir inzwischen hatten, und zahlreichen Jobs hin und her pendelte. Ich hatte genug damit zu tun, mein Leben zu bewältigen. Die ganze Medialität konnte mir gestohlen bleiben. Wieder fiel ich in mein altes Muster zurück und begann meine Wahrnehmungen zu verdrängen. Zusätzlich lenkte ich mich mit Abenteuern ab. Ich hatte viele Beziehungen, die mir nicht guttaten und lernte zusätzlich noch das Gleitschirmfliegen im Allgäu. Inzwischen hatte ich mehr als dreißig verschiedene Jobs und Berufe ausprobiert, immer auf der Suche nach der Tätigkeit, die mir Erfüllung und inneren Frieden bringen würde. Ich wollte selbstständig arbeiten, etwas ganz Eigenes tun, aber ich wusste nicht, was.

Nach Abschluss meines Studiums fand ich einen Job in der Weiterbildungsbranche. Obwohl alles in mir schrie, ihn nicht anzunehmen, fand ich es vernünftig, eine Weile angestellt zu sein. Das war es vielleicht auch, aber das war meiner Seele egal. So war das auf meinem Lebensweg nicht vorgesehen. Ich wurde schwer krank, mein Körper streikte. All die vielen Jahre des Suchens, Verdrängens und Arbeitens waren einfach zu viel gewesen. Doch was sollte ich tun? Wie sollte ich meine Tochter und mich ernähren?

Längst hatte ich darüber nachgedacht, mich als Coach selbstständig zu machen. Ausbildungen hatte ich dazu inzwischen genug. Doch einfach nur Coaching fühlte sich nicht stimmig an. Mit dem Thema Berufung hatte ich mich ja schon lange beschäftigt und war von Kind an auf der Suche nach meiner eigenen. Da es kein System gab, um die Berufung zu finden, entwickelte ich schließlich (unterstützt durch »die Jungs«) den »Karriere-Navigator«, wandte ihn als Erstes für mich selbst an und machte mich dann als Ganzheitlicher Coach (das ist ein Coach für Körper, Geist und Seele) selbstständig. Einige Jahre später gründete ich die Ganzheitliche Coaching Akademie. Bis heute liebe ich meine Arbeit und bin jeden Tag dankbar, mit dem Geld verdienen zu können, was mir am meisten Freude macht und was auf meinem Seelenweg für mich vorgezeichnet war.

Trotz der Beschäftigung mit der Seele, ihrer Berufung und ihren Aufgaben hatte meine Arbeit mit der geistigen Welt, mit Medialität und Spiritualität am Anfang allerdings herzlich wenig zu tun. Davon wollte ich mich sicherheitshalber lieber weiter fernhalten. Es ging ja auch so.

Der Durchbruch

Doch die Seele findet einen Weg. Eine Weile war alles ruhig, und das Leben war bunt und schön, aber dann nahm ich wie aus dem Nichts plötzlich überall Verstorbene wahr. Es begann damit, dass ich bei einem Abendessen mit einer Kollegin, die gerade einen guten Freund verloren hatte, plötzlich eine Gänsehaut bekam. Sie schaute mich an und sagte ganz trocken: »Er steht direkt hinter mir, richtig?!« Und so war es. Von einem auf den anderen Tag schien jeder in meinem Umfeld kürzlich jemanden verloren zu haben oder sprach über Verwandte oder Freunde, die schon länger verstorben waren. Jedes Mal sah ich sie. Nicht glasklar oder körperlich, mehr schemenhaft, wie einen Nebel, aber sie waren definitiv da und teilweise bekam ich Botschaften von ihnen für ihre Lieben.

Dann erfuhr ich, dass Gordon Smith, eins der erfolgreichsten und weltweit bekanntesten Medien, in Frankfurt eine Ausbildung anbot, bei der es um den Kontakt mit Verstorbenen, mit den Lichtwesen der geistigen Welt und mit Geistführern ging. Ich hatte es wirklich satt, an jeder Ecke Verstorbene wahrzunehmen, ob ich nun wollte oder nicht. Ich wollte endlich lernen, mit dieser Energie umzugehen. Oder sie ein für alle Mal abzuschalten. Darum meldete ich mich umgehend an. Was für ein Segen! Die Ausbildung erstreckte sich über viele Monate, und ich fand mehr und mehr das Vertrauen in meine Fähigkeiten wieder. Mehr noch, ich lernte, auf welche Weise ich meine Gabe am besten einsetzen konnte. Für meine eigene Entwicklung und für die Arbeit mit meinen Kunden.

Schon viele Jahre lang hatte ich bei meiner Arbeit, in Vorträgen oder in Seminaren, wenn ich auf eine Frage nicht spontan eine stimmige Antwort hatte, deutlich gespürt, wie »etwas« die Antwort übernahm. Häufig fühlte ich ein schmerzhaftes Knacksen im Genick, wenn das geschah. In der Ausbildung lernte ich, dass das einer der Punkte ist, an dem die Kommunikation mit der geistigen Welt stattfindet und wo Geistführer Zugang zum menschlichen Körper bekommen. So hatte mein Geistführer wohl schon länger versucht, zu mir durchzudringen, doch ich hatte mich bislang »hartnäckig« dagegen gewehrt. Seitdem ich mich dafür geöffnet habe, hat das Knacksen aufgehört.

Die Berufung meiner Seele

Am Ende der Ausbildung bekam jeder Teilnehmer von Gordon eine persönliche Botschaft von seinem Geistführer »Master Chi« aus der geistigen Welt übermittelt. Was ich damals hörte, hat mein Leben verändert. Er sagte mit seinem charmanten schottischen Akzent zu mir: »Angelika, you are not here to learn, you are here to remember.« Und: »You are not only good in giving messages and readings, you are here to teach it.«

Da saß ich nun. Eine seriöse Diplom-Psychologin, die bisher sehr genau darauf geachtet hatte, wem sie von ihrer Gabe erzählte und wem nicht. Ich wollte schließlich weiter ernst genommen und nicht für völlig verrückt erklärt werden. Und jetzt plötzlich das. Ich ließ es eine Weile sacken, bevor ich eine Entscheidung fällte. Was ich gehört hatte, resonierte völlig harmonisch mit meinem Inneren. Ein Teil von mir hatte von klein auf gewusst, dass dieser Tag kommen würde. Doch noch immer war ich unsicher und bat um ein Zeichen.

Kurz darauf erfüllte ich mir einen Traum und machte alleine eine Rundreise durch Kanada. Eines Abends saß ich im Yachtclub von Vancouver und genoss die untergehende Sonne, als mein Blick auf eine faszinierende rothaarige Frau fiel. Als ich zur Toilette ging, folgte sie mir und sprach mich an. »You are one of us. You are a Medium, too«, sagte sie zu mir und verschwand.

Mehr brauchte es nicht. Wenig später fing ich an, die ersten Seminare zum Thema Spiritualität und Kontakt zur geistigen Welt für Coaches zu geben. Heute sind das die Tage, auf die die Teilnehmer sich am meisten freuen, und die Termine sind lange Zeit im Voraus ausgebucht. Ich gebe darin Botschaften aus der geistigen Welt und erkläre meinen Teilnehmern die Strukturen und Zusammenhänge, die sich mir im Laufe der Jahre erschlossen haben. Mittlerweile arbeite ich auch in Workshops, Ausbildungen und Einzelsitzungen mit der Seele und den Geistführern meiner Teilnehmer und Kunden zusammen.

Endlich zu Hause

Seitdem ich den Kontakt zur geistigen Welt in meiner Arbeit ganz bewusst und offen nutze und sowohl auf meiner Website darüber schreibe als auch in den Gesprächen mit potenziellen Kunden darauf hinweise, habe ich endlich das Gefühl, dort angekommen zu sein, wo ich hingehöre und ganz und gar den Weg meiner Seele zu gehen. Zusätzlich habe ich vor ein paar Jahren den Traum meiner Kindheit wahr gemacht und bin von einer Kleinstadt in der Mitte Deutschlands auf einen alten Bauernhof in der Nähe der Nordsee gezogen. Auf die Engelsfarm in Engelschoff bei Himmelpforten. Das alles hieß schon so, als wir es übernommen haben. Spätestens jetzt hätte also kein Weg mehr daran vorbeigeführt, meine Verbindung zur geistigen Welt zu zeigen, es steht ja jetzt ganz öffentlich in meiner Anschrift (der Himmel hat Sinn für Humor!).

Hier habe ich zusammen mit meinem Mann (unsere Seelen hatten sich dafür verabredet und wir sind uns genau zur richtigen Zeit in diesem Leben begegnet) einen idyllischen Ort mitten im Grünen geschaffen, an dem Menschen ihre Berufung finden, Coaching lernen, energetisch auftanken und den Weg ihrer Seele erkennen können.

Der Mut hat sich gelohnt. Die »Arbeit« auf der Engelsfarm hat eine ganz besondere, tiefe Energie. Immer mehr Seminarteilnehmer und Coaching-Kunden berichten hier von ihren eigenen Erfahrungen, die sie häufig bisher mit niemandem geteilt haben. Wenn ich in Seminaren danach frage, wer schon einmal einen Verstorbenen wahrgenommen oder eine andere übersinnliche Wahrnehmung gemacht hat, melden sich alle. Jeder Einzelne. Jeder von uns hat diese Gabe. Manche von Geburt an oder nach einer Nahtod- oder Erleuchtungserfahrung. Manche nach jahrelanger Schulung ihrer Medialität. Andere haben einfach ein gutes Gespür. Aber wir alle haben die Fähigkeit, die Energie der geistigen Welt wahrzunehmen. Es ist Teil unseres Menschseins. Der Teil, der uns an unsere wahre Heimat als unsterbliche Seele erinnert und uns den Weg und die Berufung unserer Seele zeigen kann.

So ist ein Teil meiner Berufung und meines Seelenwegs, in Kontakt mit der geistigen Welt zu sein und das in meine Arbeit einfließen zu lassen. Dein Weg und deine Themen können natürlich ganz andere sein. Aber das Grundprinzip dahinter ist das gleiche. Spätestens in der Mitte unseres Lebens sind wir alle aufgefordert, das zu tun, was unsere Seele sich für dieses Leben vorgenommen hat. Den Weg der Seele zu gehen ist leicht, wenn man der eigenen Wahrnehmung vertraut und nur das tut, bei dem man eine ruhige, stimmige Resonanz im Inneren verspürt. Allerdings haben die wenigsten von uns gelernt, wie das geht. Auch ich bin jeden Tag dabei, dies noch zu verbessern. Die Voraussetzung dafür ist ein gewisses Grundverständnis für die Struktur der Seele und der geistigen Welt. Warum? Um sicherzugehen, dass man wirklich die eigene innere Stimme, die Stimme der Seele hört. Und sie nicht mit den Stimmen von Erziehung, Ego oder jahrelanger Einflüsterung von anderen verwechselt.

Im ersten Teil des Buches findest du darum Erklärungen zu den wichtigsten Begriffen zur Seele und zur geistigen Welt und meine persönlichen Erfahrungen damit. Im zweiten Teil des Buches geht es um den Seelen-Navigator, mit dem du in sieben Schritten deinen wahren Seelenplan und deine Berufung für dieses Leben erkennen kannst und dadurch eine klare und zuverlässige Richtschnur für deine Zukunft und alle Lebensbereiche erhältst. Und im dritten Teil gebe ich dir Anleitungen, wie du deine Erkenntnisse im täglichen Leben auch tatsächlich umsetzen kannst. Und wie du – auch wenn du kein Medium werden willst – leicht mit deiner Seele und deinen himmlischen Helfern in Kontakt kommst, um Vertrauen in die geistige Welt zu entwickeln und deine innere Stimme immer deutlicher zu spüren.

1. Teil

Die geistige Welt

Grundannahmen

Philosophische Exkurse zum Ursprung der Seele und darüber, wo überall sich seit uralten Zeiten Belege für ihre Existenz finden, lasse ich hier weg. Ich bitte dich stattdessen, für die Zeit, in der du in diesem Buch liest und damit arbeitest, einfach für möglich zu halten, dass das, was ich schreibe, wirklich so sein könnte. So erlaubst Du deinem Verstand, sich für eine Weile zu entspannen und dich im Herzen fühlen zu lassen, ob meine Worte etwas in deinem Innersten zum Schwingen bringen.

Das ist überhaupt die Art, wie du dieses Buch lesen und auch an den Seelen-Navigator im zweiten Teil herangehen solltest, um das Bestmögliche für dich daraus zu machen. Prüfe alles, was du liest, mit deinem Herzen. Hör in dich hinein und fühle, ob dein Herz sich weitet. Oder ob du so etwas wie tiefe innere Ruhe spürst, wenn du es liest. Beides ist ein Zeichen dafür, dass etwas in dir die Wahrheit erkennt.

Bei vielem, über das du hier lesen wirst, habe ich große Gewissheit, dass es wirklich so ist, weil ich es immer wieder mit Hilfe der geistigen Welt überprüft habe. Gleichzeitig halte ich es aber auch für möglich, dass das nur das Bild ist, das ich heute schon in der Lage bin zu sehen. Und es gibt natürlich auch Themen, bei denen ich selbst noch dazulerne und noch nicht ganz sicher bin. Da und überall sonst wird dein Herz dir sagen, ob es auch deine Wahrheit ist oder du an der Stelle für dich noch weiterforschen willst.

Dein Verstand wird vermutlich trotzdem ab und zu Alarm schlagen und behaupten, dass das alles völlig verrückt ist und überhaupt nicht sein kann. Erinnere dich dann daran, offen zu bleiben, bis du das Buch zu Ende gelesen und die Übungen darin bearbeitet hast und dann erst zu entscheiden, ob es für dich stimmig und hilfreich war. Solltest du aber schon auf diesen ersten Seiten merken, dass meine Worte so weit von deinem aktuellen Weltbild entfernt sind wie der Pluto von der Erde, dann leg dieses Buch besser erst mal zur Seite, um das bereits Gelesene in Ruhe zu verdauen, und nimm es wieder zur Hand, wenn es besser für dich passt.

Gehen wir einfach mal davon aus, dass ...
- du und ich und alle anderen Menschen Seelen sind, die vorübergehend einen menschlichen Körper bewohnen.
- alle Seelen Teil des Ganzen, der Schöpfung, des Universums von Gott, oder wie auch immer du es am liebsten nennen willst, sind.
- jede Seele aus dem Ganzen stammt und am Ende allen Lernens wieder im Ganzen aufgeht.
- die Seele darum unsterblich und unendlich ist.
- unsere Welt und unser Körper aus einem materiellen Teil und einem feinstofflichen Teil bestehen.
- der Körper der materielle und die Seele der feinstoffliche Teil ist.
- der Seele zur Seite Helfer aus der feinstofflichen (»himmlischen«) Ebene stehen.
- sich auf der feinstofflichen Ebene Verstorbene, Geistführer, Engel, Erzengel, Elohim und weitere Wesenheiten befinden.
- alle Seelen mit einem freien Willen ausgestattet sind.
- eine Seele auf die Erde kommt und einen Körper beseelt, um Erfahrungen zu sammeln, die nur im Materiellen möglich sind und um sich dadurch weiterzuentwickeln.
- sie dazu immer wieder neue Lernaufgaben wählt und die

dafür idealen Voraussetzungen in Form der Eltern, Umgebung, Freunde, körperlichen Themen und Meilensteine auf dem Lebensweg findet.
- jede Seele ihre eigene Geschwindigkeit und unendlich viel Zeit hat, um sich zu entwickeln.
- manche Seelen nur eine Inkarnation für ein Lernthema benötigen, während andere 300 brauchen und dass das letztendlich egal ist, weil Zeit für die Seele keine Rolle spielt.
- das Entwicklungsziel für alle Seelen gleich ist: die Rückkehr in die allumfassende Liebe des Ganzen, nachdem alle Lektionen gelernt sind.

Die Seele

Die Struktur der Seele

Um zu verstehen, wie die Seele »funktioniert«, ist es hilfreich, sie sich dreigeteilt vorzustellen, auch wenn sie in Wahrheit ein Teil vom Ganzen und in sich eins ist. Die Seele besteht danach aus dem Teil, der in einem Körper inkarniert ist (inkarniert heißt übersetzt: fleischgeworden), aus einer Gesamtseele, aus der dieser Teil stammt und aus einem Höheren Selbst, das sozusagen als höchste Instanz für die Gesamtseele verantwortlich ist.

Der Ursprung jeder Seele ist das Ganze, das All-Eine, das allumfassende Bewusstsein. Hier ist die Seele noch Teil von Allem-was-ist und besitzt keine individuelle Form. Um zu lernen und zu wachsen, löst sich die Seele im Einklang mit dem Ganzen daraus beziehungsweise wird vom Ganzen daraus gelöst und bleibt gleichzeitig Teil davon. Im Laufe ihrer Entwicklung als individuelle Seele lebt sie viele Leben in menschlicher Form auf der Erde, um ihren Teil zur Entwicklung des Ganzen beizutragen.

Warum das so geschieht, warum das Ganze nicht einfach tiefenentspannt in sich ruht, warum es stattdessen Seelen erschafft, die dann freud- und leidvolle Erfahrungen machen, darüber gibt es unzählige Theorien. Die einfachste ist: weil es das kann. Vielleicht auch aus Freude an Entwicklung. Weil das Ganze sich dadurch spüren kann. Weil es die allumfassende Liebe noch intensiver erleben kann, wenn es nicht nur Licht, sondern auch die Erfahrung von Schatten gibt.

Die Frage, warum eine Seele entsteht, gehört zu den Dingen, auf die ich bisher keine zuverlässige Antwort habe. Aber ich finde sie auch nicht so wichtig. Mir genügt es zu wissen, dass es ein liebevolles großes Ganzes gibt, aus dem alle Seelen hervorgehen, und dass das, was wir alle hier erleben, dadurch einen Sinn hat. Auch wenn ich ihn nicht in der allergrößten Tiefe erklären oder bis hinauf zur Schöpfung erkennen und benennen kann. Vermutlich ist dieser Vorgang sowieso für Menschen nicht in Worte zu fassen.

Die Geburt der Seele

Ein Bild hilft zu erklären, was bei der Geburt einer Seele geschieht. Stellen wir uns für einen Moment vor, das Ganze wäre ein Ozean aus strahlendem zeit- und raumlosem Bewusstsein, das aus unendlich vielen einzelnen leuchtenden Tropfen besteht. Ein Ozean, der alles umfasst, in dem jeder Teil vom anderen weiß, in dem alles miteinander verbunden ist. Ein Ozean, der in sich und völligem Eins-Sein und absoluter bedingungsloser Liebe ruht.

Innerhalb dieses unendlichen Ozeans aus Bewusstsein stellen wir uns jetzt eine gläserne Schale vor, die vom Ozean voll geschöpft wird. Der Inhalt dieser Schale ist die Gesamtseele, die nun ein eigenes Bewusstsein und auch Gefühle entwickelt und gleichzeitig das Wissen um den gesamten Ozean in sich trägt. Die Gesamtseele kann die anderen Teile des Ozeans in der Nähe wahrnehmen und weiß, dass sie selbst ein Teil vom großen Ganzen ist.

Stellen wir uns weiter vor, innerhalb dieser gläsernen Schale würde nun wiederum die Gesamtseele ein kleines Glas voll schöpfen und am Ende noch mit einem Deckel verschließen. Dieses Glas ist deine individuelle Seele in diesem Leben. Die

Seele kann durch die Scheibe des Glases zwar noch erkennen, dass um sie herum die gleiche Energie ist, aber sie fühlt sich davon abgeschnitten und allein. Das ist es, was geschieht, wenn eine Seele in einen Körper und dieses Leben eintritt. Als Teil des Ozeans sind die einzelnen Tropfen in vollkommener innerer Harmonie. Durch die Geburt der Gesamtseele und die Entsendung einzelner Seelenanteile ins irdische Leben lernt sie Freude und Leid kennen – mitsamt aller angenehmen und unangenehmen Gefühle – und speichert diese in der Gesamtseele als Erfahrung und Wissen ab.

Manchmal wird ein kleines Glas aus der großen Gesamtseele entnommen und verschraubt, manchmal ein großes und manchmal nur ein ganz winziges. Das steht für die Menge beziehungsweise Prozente deiner Gesamtseelen-Energie, die du mit in dieses Leben bringst.

Stirbt dann der Körper, wird sozusagen der Schraubverschluss geöffnet und die Tropfen aus dem Glas werden samt aller neuen Erfahrungen wieder Teil der Gesamtseele. Sie verbinden und vermischen sich mit ihr, wodurch dann alle Tropfen in der gläsernen Schale Teil an der Erfahrung des Seelenanteils haben, der soeben eine Inkarnation durchlaufen hat. Ganz so, als hätten sie es selbst erlebt. Jede Freude, jedes Leid, alles Gute und Schlechte, jede Erkenntnis und alles, was der zurückgekehrte Seelenteil bedauert, geht als gemeinsames Wissen in die Gesamtseele ein.

Eine junge Seele ist anfangs egoistisch. Von Inkarnation zu Inkarnation entwickelt sie sich immer mehr hin zum altruistischen Liebesgefühl der alten Seele. Zusätzlich ist die Seele sowohl in der geistigen Welt als auch hier auf der Erde mit einem freien Willen ausgestattet, der es ihr erlaubt, auch Fehler zu machen. So entscheiden sich junge Seelen oft dafür, etwas zu tun, das für sie selbst von Vorteil ist, auch wenn es anderen schadet. Je reifer und weiser eine Seele dann wird, desto mehr tut sie Dinge im Sinne und zum Wohl des Ganzen und bemüht sich, »keiner Fliege mehr etwas zuleide zu tun«.

Mit jedem Zurückgießen in die Gesamtseele und mit jedem Hinzufügen von neuen Erfahrungen und weiterem Wachstum wird die Glasschale, die die Gesamtseele vom Ganzen trennt, immer dünner und zarter, oder anders gesagt, hochschwingender, bis sie schließlich wieder vollständig im Ganzen aufgeht.

Inkarniert eine Seele aufs Neue, wird wieder ein Teil der Gesamtseelen-Energie in ein Glas geschöpft, das verschlossen wird und eine weitere irdische Existenz erfährt. Das werden zwar nicht wieder genau dieselben Tropfen sein, doch für die neu inkarnierte Seele wird es sich so anfühlen, weil ja jeder Teil der Gesamtseele um alle Erfahrungen weiß. Darum bringen wir in jedes neue Leben die unbewussten Erinnerungen, Gefühle und Ängste aus allen früheren Leben der Gesamtseele mit ein. Viele Themen, die einen heute im Leben begleiten oder auch belasten, stammen darum nicht nur aus der Kindheit und den Erfahrungen aus diesem Leben, sondern aus vielen, vielen früheren Leben der Gesamtseele und ihrer Anteile.

Die Gesamtseele schickt meist allerdings nicht nur einen Seelenanteil in die Welt. Gleichzeitig können auch noch andere Anteile inkarniert sein. Es kann drei, vier, fünf oder mehr deiner eigenen Seelenanteile geben, die zur selben Zeit mit dir auf der Erde unterwegs sind. Manchmal ist vorgesehen, dass die Seelenanteile sich begegnen. In den meisten Fällen allerdings nicht, weil es eine sehr heftige und intensive Erfahrung ist, so etwas zu erleben. Die übrigen Anteile der Gesamtseele, also die Schale voll mit den restlichen nicht inkarnierten Tropfen, bleiben in der geistigen Welt und unterstützen die anderen Seelenanteile mit aller Kraft und Liebe auf ihrem Weg in der irdischen Existenz.

Die Gesamtseele kennt den Plan eines jeden Seelenanteils für sein Leben und schickt immer wieder Zeichen, um den Menschen auf den richtigen Weg zu führen. Die Zeichen der Seele erkennt man am besten mit seinem Herzen. Die Seele schickt dazu Träume am Tag und auch in der Nacht. Sie lässt Sehnsucht erwachen nach bestimmten Wohnorten, die einem guttun, oder Themen, mit denen man sich beschäftigen soll. Sie schickt auch die Sehnsucht danach, die eigene Berufung zu finden oder den Partner, der am besten zu den eigenen Entwicklungsaufgaben passt. Der inkarnierte Seelenanteil hat ein ganzes Bündel an Fähigkeiten in seinem irdischen Gepäck, die zum Teil neu sind, die aber auch aus früheren Leben stammen können. Daher kommt zum Beispiel eine besonders ausgeprägte Begabung im musischen Bereich, im Wahrnehmen der geistigen Welt oder auch beim Schreiben.

Das Höhere Selbst

Wenn wir beim Bild vom Ozean bleiben, ist das Höhere Selbst die Glasschale. Die Verbindung zwischen der Gesamtseele und dem Ganzen. Es kennt die Berufung und die Aufgaben der Gesamtseele und jedes Seelenanteils und all ihre Erfahrungen in diesem und allen anderen Leben. Das Höhere Selbst ist wie das Ganze pure Liebe. Es ist sozusagen der tiefenentspannte Teil der Seele eines Menschen. Das Spiegelbild der Seele in Gott. Das höchste Bewusstsein.

In vielen Büchern wird das Höhere Selbst dem Schutzengel gleichgesetzt. Dort heißt es dann, das Höhere Selbst würde ins Leben eingreifen. Das kann ich nicht bestätigen. Aus meiner Erfahrung heraus ist das Höhere Selbst stets liebevoll neutral und lässt uns gewähren in unserem freien Willen. Es weiß alles, doch es greift nicht aktiv ein. Dafür ist es nicht geschaffen. Das tun die anderen himmlischen Helfer.

Wenn du in klarem Kontakt mit deinem Höheren Selbst bist, findest du dort alle Antworten, die du brauchst. Es ist für deine persönlichen Themen die zuverlässigste und sicherste Informationsquelle. Es überblickt von einer neutralen Warte aus alle deine Erfahrungen und Herausforderungen und kennt auch den Weg zur Lösung. Für manche Menschen ist es allerdings zu Beginn schwierig, zuverlässig mit dem eigenen Höheren Selbst in Kontakt zu kommen. Darum gibt es zusätzlich noch die himmlischen Helfer, die eng mit dem Höheren Selbst zusammenarbeiten und zu denen viele leichter »einen Draht« finden.

Die himmlischen Helfer

Das Höhere Selbst ist ein Teil von uns. Der am höchsten schwingende und umfassend bewusste Teil unserer Seele. Es hat alle Antworten auf unsere Fragen in sich, weil es alles über uns und unsere Seele weiß. Das genügt uns Menschen aber häufig nicht, weil wir es gewohnt sind, im Außen nach Antworten zu suchen. Weil wir beeindruckende Erfahrungen machen wollen. Weil wir uns »übersinnliche« Hilfe wünschen. Vielleicht auch, weil wir es einfach spannend und entspannend finden, an Schutzengel, Geistführer und den lieben Gott zu glauben. Das ist völlig in Ordnung, solange wir nicht vergessen, dass wir selbst als strahlender Teil des Ganzen tief im Innersten unermesslich groß, mächtig und voller Schöpferkraft sind. Indem wir an äußere Mächte glauben und sie um Hilfe bitten, geben wir immer gleichzeitig ein Stück der Verantwortung nach außen ab. An die Engel, an Geistführer oder gar an Gott (den jeder gemäß seines Glaubens für sich selbst definiert). Das ist grundsätzlich zwar sinnvoll, daher kommt auch der Begriff auf-geben, wenn wir allein nicht weiter wissen. Aber damit alleine ist es nicht getan. Gott hilft denen, die sich selbst helfen, heißt es. Und das bedeutet, wenn wir die geistige Welt um Hilfe bitten, sind wir immer gleichzeitig gefordert, auch selbst unser Bestes dazuzugeben. Sonst ist es, wie den Himmel um einen Lottogewinn zu bitten, ohne je ein Los abzugeben.

Jeder Mensch hat eine ganze Traube an himmlischen Helfern um sich herum, die ihm zur Seite stehen. Manche begleiten uns seit der Geburt unserer Seele, andere sind nur für dieses Leben an unserer Seite, und im nächsten haben wir wieder neue. Manche sind nur in der Kindheit bei uns, andere immer dann, wenn wir sie brauchen. Stell dir deine himmlischen Helfer wie beste Freunde vor oder wie ältere, erfahrene Ratgeber. Nur dass sie eben nicht den Einschränkungen unterliegen, die hier auf der Erde gelten, sondern immer das ganze Bild sehen. Und geh mit ihnen so höflich, freundlich und dankbar um, wie du es (hoffentlich) mit deinen Freunden auch tust. Unsere himmlischen Helfer dienen uns voller Liebe, aber sie sind nicht unsere Diener.

In meinen verschiedenen medialen Ausbildungen und auch in der Literatur sind mir immer wieder unterschiedliche Definitionen und Beschreibungen für unsere himmlischen Helfer begegnet. Ich weiß, dass es Menschen gibt, die Engel sehen können und sie als große, beeindruckende Wesen mit Flügeln und kraftvoller Ausstrahlung beschreiben. Andere beschreiben sie flügellos und manchmal eher klein und unscheinbar. Wieder andere sind der Meinung, Geistführer und Engel seien identisch und treffen keinerlei Unterscheidungen zwischen ihnen. Wie man Engel, Geistführer und auch Verstorben sieht, hat viel mit der eigenen Prägung und Lebensgeschichte und auch mit dem Lebensraum zu tun. In Island, wo es ja sogar einen Elfenbeauftragten gibt, geben viele Menschen an, Feen, Elfen und andere Naturwesen zu sehen. Viele Medien, die in England ausgebildet worden sind, sprechen überhaupt nicht von Engeln, sondern ausschließlich von Geistführern. Wohingegen zahlreiche europäische und amerikanische Medien unsere Helfer aus der geistigen Welt ausschließlich als Engel sehen. Wie ist es nun wirklich? Das kann wohl niemand mit Bestimmtheit sagen, auch wenn es manch einer behauptet (wenn jemand von der absoluten Wahrheit in diesem Themenfeld spricht, ist es grundsätzlich sinnvoll, erst mal vorsichtig zu sein).

Wie schon erwähnt, nehme ich die geistige Welt selten visuell war (manchmal aber doch) und habe darum weniger bildliche Erfahrungen als meine hellsichtigen Kollegen. Aber auch die sind sich ja nicht einig. Mir hat es zum Einstieg geholfen, die Wesen der geistigen Welt in grobe Kategorien einzuteilen. Das ist als erste Orientierung ganz sinnvoll. Zum besseren Verständnis erkläre ich dir hier darum auch die Unterschiede zwischen den himmlischen Helfern, wie ich sie selbst schon wahrgenommen habe. Was ich jetzt schreibe, geht also vor allem auf meine eigene Erfahrung zurück und hat keinen Anspruch auf Richtigkeit. Bitte prüfe auch hier wieder, ob es für dich passt. Vielleicht kann es dir ja Dinge erklären, die du selbst schon erlebt und gespürt hast.

Geistführer

Unsere Geistführer helfen uns durch alle Phasen unseres Lebens und stehen uns – zumindest einige davon – vom ersten bis zum letzten Tag der Existenz unserer Seele als weise Ratgeber zur Seite. Sie haben selbst unzählige Leben auf der Erde gelebt, ihre eigenen Lektionen gelernt und sind dann aus dem Rad der Wiedergeburt aus- und aufgestiegen. Da sie selbst das Erdenleben oft genug erfahren, geliebt und erlitten haben, wissen sie genau, wie es sich anfühlt und können uns als lebenskluge Lehrer und Helfer begleiten.

Sie sind hochentwickelte Wesen mit eigenem Charakter. Manche ernst und trocken, andere sehr humorvoll. Ebenso wie unsere Seelen lernen auch die Geistführer weiter dazu. Sie sind selbst noch auf dem Weg, sich weiter und höher zu entwickeln. Sie helfen uns durchs Leben und wir ermöglichen ihnen, ihre Fähigkeiten zu perfektionieren. Ein Lernen, das auf Gegenseitigkeit beruht, sozusagen. Darum stehen unsere Geistführer auch quasi Tag und Nacht in den Startlöchern für den Moment, an dem wir uns endlich für den bewussten Kontakt mit ihnen öffnen. Denn dann können sie noch viel mehr Gutes für und mit uns bewirken.

Die meisten Seelen haben nicht einen, sondern mehrere verschiedene Geistführer. Diese sind wie ein Einsatzteam, das uns immer das gibt, was wir gerade am nötigsten brauchen, und je nachdem, was dran ist, tritt mal der eine, mal der andere vor.

Mein Geistführerteam, »meine Jungs«, habe ich wie gesagt schon sehr früh um mich gespürt, ihre Anwesenheit aber lange verdrängt. Seit der Geburt meiner Tochter konnte ich sie immer deutlicher und klarer wahrnehmen. Sie haben mich begleitet, unterstützt und mir durch unzählige schwierige Situationen geholfen. So wie ich als Kind mit dem Mond gesprochen habe, so habe ich irgendwann begonnen, mit ihnen zu sprechen. Zwar erhielt ich zu Beginn keine Antwort in Form von Sätzen, aber häufig bekam ich Zeichen oder die Lösung für eine schwierige Situation kam »aus heiterem Himmel« plötzlich zu mir, wenn ich meine Jungs zuvor um Hilfe gebeten hatte.

Von Anfang an spürte ich, dass es mir besonders nahestehende und etwas weiter entfernte Mitglieder in meinem Geistführerteam gibt und sich die Positionen – je nach Lebensphase – auch verändern. Die Jungs helfen mir bei den wesentlichen Lebensfragen, schenken mir in schweren Zeiten Zuversicht, sorgen für Synchronizitäten (das gleichzeitige Auftauchen von objektiv voneinander unabhängigen Ereignissen) und dafür, dass bestimmte Menschen oder Möglichkeiten in mein Leben treten. Erst vor einigen Jahren habe ich gelernt, meine Geistführer voneinander zu unterscheiden. Einer meiner Hauptgeistführer, Alí, ist immer bei mir, wenn ich als Coach arbeite oder Gruppen leite. Er war plötzlich da, als ich mich als Coach selbstständig gemacht habe. Wie so oft *wusste* ich von einem auf den anderen Tag, dass sich etwas verändert hatte. Ich war mir allerdings erst nicht klar darüber, wer oder was da plötzlich anders war. Bis ich seine Hilfe zuverlässig »abrufen« und sein Erkennungszeichen richtig deuten konnte und bis ich seinen Namen erfuhr, verging noch einiges an Zeit.

Apropos Namen, in der geistigen Welt gibt es natürlich keine Namen so wie hier bei uns auf der Erde. Es gibt unterschiedliche Schwingungen. Höhere, feinere, dichtere und so weiter. Wenn wir unsere Geistführer oder Schutzengel bitten, uns ihren Namen zu nennen, bekommen wir auch oft einen genannt. Damit will die geistige Welt unserem Verstand entgegenkommen. Solltest du darum bitten und keinen Namen erhalten, dann nenne ihn oder sie einfach Geistführer oder Schutzengel oder wie du eben willst. Nun muss ich grinsen, denn während ich das schreibe, fühlt es sich an, als ob mir jemand über die Schulter schaut und zustimmend lächelnd nickt.

Engel

Mit Engeln habe ich mich bis vor einigen Jahren überhaupt nicht beschäftigt beziehungsweise habe die Gedanken an sie immer wieder erfolgreich verdrängt. Weder glaubte ich an einen Schutzengel noch spürte ich Engelwesen um mich herum. Und das, obwohl meine Freunde mich von klein auf *Angel* nannten und ich schon als Kind manchmal den – für mich gleichzeitig völlig abwegigen – Gedanken hatte, selbst ein Engel zu sein. Inzwischen habe ich zahlreiche Erfahrungen mit Engeln gesammelt, viel über sie und ihr Wirken gelernt und weiß heute, dass es sie gibt.

Die hohe Schwingung von Engeln wird von hellsichtigen Menschen und Medien oft tatsächlich wie ein Schwingen, also wie Flügel wahrgenommen. Andere sehen sie als reine Lichtwesen in unterschiedlichen Formen und Farben. Ich selbst habe sie schon auf beide Arten wahrgenommen, zum Teil durch innere, zum Teil durch äußere Bilder. Ich finde es aber nicht entscheidend, ob und wie genau man sie sieht. Viel wichtiger ist das Gefühl, das man erlebt, wenn sie in der Nähe sind.

Engel werden von vielen Medien in eine Hierarchie eingeteilt, wobei die »normalen« Engel auf der »niedersten« Stufe stehen. Diese Engel nenne ich Themenengel, da sie Experten für bestimmte Themen sind und nicht nur für einen, sondern für alle Menschen mit diesem Thema da sind, wie Reiseengel, Heilungsengel und Beziehungsengel. Daneben gibt es Schutzengel, Erzengel, Elohim und vermutlich viele weitere. Persönliche Erfahrungen habe ich mit meinem Schutzengel, ich bin im Kontakt mit einigen Erzengeln, mit den Elohim und zahlreichen Erdenengeln. Ob es die übrigen Ebenen gibt, kann ich nicht sagen. Für dieses Leben scheint es (zumindest bisher) nicht auf meinem Plan zu stehen, sie wahrzunehmen und zu beschreiben.

Meine erste bewusste Begegnung mit einem Engel war vor vielen Jahren in einem Urlaub in Griechenland. Ich war mit einer Freundin nachts in einem Club, und wir verpassten den letzten Bus zurück ins Hotel. Also machten wir uns zu Fuß auf den Weg zu einer weit entfernten Bushaltestelle, wo aber so spätnachts natürlich auch kein Bus mehr fuhr. Wir standen völlig erschöpft, müde und verzweifelt auf diesem großen Platz. Es war stockdunkel, ziemlich gruselig und kein Mensch weit und breit zu sehen. Plötzlich stand ein Mann neben mir. Normalerweise hätte ich einen Schreck bekommen, wie er da so plötzlich im Dunkeln auftauchte, doch stattdessen breitete sich in mir augenblicklich eine tiefe innere Ruhe aus. Er sagte, wir sollten uns keine Sorgen machen, es käme gleich ein Taxi. Kurz darauf sah ich es auch schon um die Ecke biegen. Ich drehte mich um, um mich bei dem Mann zu bedanken, doch er war wie vom Erdboden verschwunden. Im wahrsten Sinne des Wortes. Als ich meine Freundin fragte, ob sie gesehen habe, wohin der Mann gegangen sei, schaute sie mich entgeistert an. Sie hatte niemanden gesehen.

Eine weitere Begegnung war während einer sehr heilsamen Sitzung bei einer Therapeutin, bei der ich von Anfang an das Gefühl hatte, dass sie selbst ein Erdenengel ist. Wir hatten einige Zeit intensiv miteinander an einer alten Angst gearbeitet, die mich schon sehr viele Jahre begleitete und einschränkte. Dann spürten wir es beide im selben Moment. Die Energie im Raum hatte sich von einer auf die andere Sekunde völlig verändert. Sie sagte noch: »Die Zeit ist gekommen, die Angst loszulassen«, und im selben Augenblick sahen wir beide in die Ecke des Raumes, wo sich eine Art Tor auftat. Ein Engelwesen erschien und nahm die Angst mit. Ich konnte das Wesen mit meinen Augen sehen und gleichzeitig auch wieder nicht. Es war wie eine Wolke mit verschwommener Energie. Körperlos, aber deutlich spürbar. Wie ein Hauch aus einer anderen Dimension, der sich kurzzeitig verdichtet hat und dadurch sichtbar wurde. Ich weiß, es klingt unglaublich, und hätten wir es nicht beide zur selben Zeit erlebt und danach darüber gesprochen, wüsste ich heute womöglich auch nicht mehr, ob das wirklich stattgefunden hat. Doch es war so. Und die Angst hat sich seitdem vollständig aufgelöst und ist nie wiedergekommen.

Schutzengel

Eine Unterscheidung zwischen Geistführern und Schutzengeln, die du in der Literatur häufig findest und die ich auch so erlebe, ist, dass Dein Schutzengel – wie alle anderen Engel auch – niemals auf der Erde gelebt hat. Seine Engelseele ist von Anbeginn an damit beauftragt, für deine neugeborene Seele da zu sein. Seine Aufgabe ist es, dir auf den Schritten auf deinem Seelenweg zur Seite zu stehen und darauf zu achten, dass du nicht zu weit vom Weg abkommst. Die landläufige Meinung ist, dass Schutzengel Unfälle oder unangenehme Ereignisse verhindern, doch das stimmt nur halb. Sie greifen nur ein, wenn ein Unfall oder ein Ereignis nicht in unserem Lebensplan vorgesehen ist. Dann aber durchaus beherzt und ausnahmsweise, ohne dass wir sie dazu auffordern müssen. Normalerweise schicken sie uns vor allem Impulse (oft sehr deutliche), damit wir auf unserem Seelenweg bleiben, wenn wir dabei sind, zu weit davon abzuweichen.

Der Seelenweg ist wie eine für uns vorgesehene und von uns vor unserer Inkarnation gewählte, ganz persönliche und nur für uns begehbare große, breite Straße. Es ist keine enge Gasse, auf der wir nur stur geradeaus gehen können, sondern eine, dies es uns ermöglicht, ihre gesamte Breite auszuschöpfen. Wir können enge oder weite Schlangenlinien gehen, uns ganz an der rechten oder ganz an der linken Leitplanke entlangbewegen. Oder wir können den einfachen, aber vielleicht nicht so interessanten Weg schnurgeradeaus nehmen. Solange wir uns auf unserer großen, breiten Straße bewegen, greift unser Schutzengel nicht ein. Darum spüren wir ihn im täglichen Leben auch relativ selten, es sei denn, wir nehmen aktiv Kontakt mit ihm auf, indem wir ihn ansprechen und um Hilfe oder Zeichen bitten. Oder auch um ihn kennenzulernen. Doch sobald wir uns anschicken, die breite Straße zu verlassen oder irgendwo falsch abzubiegen, können wir uns darauf verlassen, vom Schutzengel einen deutlichen Hinweis zu erhalten.

Meinen Schutzengel S. A. M. (das ist eine Abkürzung, der Name, den ich von ihm genannt bekommen habe, ist ziemlich lang) habe ich erst sehr spät kennengelernt. Ich dachte immer, das Wesen, das ich ab und zu hinter mir spürte, sei die Seele meines verstorbenen Vaters, denn genauso fühlte es sich an. Wie ein Vater, der seinem Kind den Rücken deckt. Irgendwann habe ich ihn dann ganz bewusst angesprochen und verstanden, dass es sich bei dem Wesen hinter mir um meinen Schutzengel handelt. Heute weiß ich tief im Inneren, dass er immer da ist und ich mich auf ihn verlassen kann. Wenn ich mich auf ihn konzentriere, spüre ich seine Anwesenheit in meiner Nähe und seine sanfte Berührung auf meinen Schultern, zusammen mit bedingungsloser, umfassender Liebe. Es ist ein Gefühl wie ein warmes, gemütliches Bett zum Reinkuscheln. Geradezu himmlisch! In meiner abenteuerlichen Sturm-und-Drang-Phase war ich oft leichtsinnig und habe mich in allerlei gefährliche Situationen gebracht. Da hatte er alle Hände voll zu tun. (Zum Beispiel als er mich in meiner Zeit in London, als ich mit Anfang zwanzig nach einer Party mit David Bowie um vier Uhr früh alleine durch Soho lief, wieder sicher in mein Hotel gebracht hat; ich weiß bis heute nicht genau, wie ich dorthin zurückgekommen bin.) Doch in den letzten Jahren wird er nicht mehr so oft gebraucht. Inzwischen achte ich selbst gut auf mich und bleibe die allermeiste Zeit freiwillig und von Herzen gerne auf meinem Seelenweg.

Erzengel

Erzengel sind sehr hoch schwingende Engel, die für bestimmte Grundthemen und Menschengruppen zuständig sind. Erzengel Michael für Schutz, Erzengel Raphael für Heilung und so weiter. Ein Heiler verspürt darum zum Beispiel häufig die Nähe von Erzengel Raphael beziehungsweise bittet ihn um Unterstützung. Genau wie mit Engeln insgesamt hatte ich lange Zeit auch keinerlei Erfahrung mit Erzengeln. Weder hatte ich je ein Buch über sie gelesen noch mich sonst irgendwie mit ihnen beschäftigt. Ich hielt sie für ein hübsches Fantasieprodukt, erfunden von Menschen, die alles unbedingt und immer in Hierarchien einteilen und sich romantisch geflügelte Wesen vorstellen wollen. Ich wurde eines Besseren belehrt.

Vor vielen Jahren nahm ich an einem Workshop mit Sabrina Fox teil. An diesem Abend ging es eigentlich um ein anderes Thema, ich wusste nicht, dass sie auch eine Engelmeditation durchführen würde. Doch da ich nun schon mal da war, machte ich auch mit. Da ich damals wie gesagt noch keinerlei Erfahrung mit Engeln hatte und eigentlich auch nichts davon wissen wollte, ging ich davon aus, dass die Meditation bei mir sowieso nicht funktionieren würde. Sabrina führte die Gruppe in eine leichte Entspannung und sagte dann, dass jetzt unser persönlicher Engel erscheinen und uns seinen Namen sagen würde. Ich weiß noch, wie ich dachte: »völliger Unsinn«, als ich im Inneren plötzlich glasklar ein Wesen wahrnahm. Einen großen, dunklen Engel mit regenbogenfarbenen Flügeln. Dann sagte er mir seinen Namen: Azrael. Das war's auch schon.

Die Erfahrung war mir ziemlich unheimlich und gleichzeitig sehr beeindruckend. Mit dem Namen konnte ich nichts anfangen und habe ihn darum einige Zeit später recherchiert. Es hat eine Weile gedauert, bis ich etwas dazu fand, weil er nur selten erwähnt wird. Azrael zählt in der islamischen Tradition zu den Erzengeln und ist unter anderem dafür zuständig, Seelen beim Tod ins Jenseits zu begleiten und den Hinterbliebenen Trost zu spenden. Ich konnte es kaum glauben. Von klein auf habe ich mehr Todesfälle in der engsten Umgebung erlebt als jeder andere, den ich kenne (abgesehen von einer Freundin, die damit als Altenpflegerin fast täglich zu tun hat). Und schon als Kind hatte ich das Bedürfnis, Menschen beim Sterben zu begleiten, um ihnen die Angst vor dem Tod zu nehmen.

Um den Kontakt zu Azrael zu stärken, habe ich einige Jahre lang die Botschaften aufgeschrieben, die ich von ihm erhielt. Sie waren stets liebevoll, wertschätzend und ermutigend. Vieles von meinem Wissen über die geistige Welt erhielt und erhalte ich noch immer von beziehungsweise durch ihn. Heute weiß ich, dass Azrael ein Teil meines himmlischen Teams und sogar ein Teil meiner Gesamtseele ist. Oder genauer: dass ein Teil seiner Seelenenergie zusammen mit meiner Gesamtseele schwingt und wir bei unserem Wirken hier auf der Erde an einem Strang ziehen. Ein gutes Gefühl, ihn im Team zu haben.

Elohim

Die Elohim gehören zu den höchsten und besonders kraftvollen himmlischen Wesen. Sie werden auch als Schöpferengel und rechte Hand Gottes bezeichnet, weil sie dafür sorgen, dass die Ordnung im Sinne des göttlichen Plans erhalten bleibt. Sie klären Disharmonien, schützen die Schöpfung und stellen Kraft, Wissen und Energie für die zur Verfügung, die dasselbe tun. Mit ihrer Hilfe kann man Energie anheben, Räume klären, Licht, Liebe und Frieden in Situationen und auf die Welt bringen. Auch sie werden nur aktiv, wenn wir sie ausdrücklich darum bitten.

Mein Kontakt zu den Elohim besteht erst seit ein paar Jahren, weswegen meine Erfahrungen mit ihnen noch nicht so zahlreich sind. Überhaupt gibt es meines Wissens noch relativ wenig Menschen, die mit den Elohim in Kontakt sind. Doch die Zahl steigt. Das Bewusstsein auf unserem Planeten hat in den letzten Jahren durch die erhöhte Schwingung enorm zugenommen, weshalb immer mehr die Energie der Elohim wahrnehmen, sie um Unterstützung bitten und mit ihnen zusammenarbeiten können. Die Elohim erinnern uns daran, dass *wir selbst* die Kraft der Schöpfung besitzen, dass wir unendlich kraftvolle Schöpferwesen sind. Vor einigen Jahren sagte mir ein Medium, sie würde in mir die Energie der Elohim wahrnehmen. Auch wenn ich es am Anfang weit von mir gewiesen habe, hat es mich nicht wirklich verwundert. Ein weiblicher Teil meines himmlischen Helferteams stellte sich mir schon vor vielen Jahren als »Licht« vor. Und so wirkt sie auch auf mich. Ein strahlend schönes, außergewöhnlich helles Licht voller Liebe und Kraft. Genau so nehme ich auch die anderen Elohim wahr.

Heute bitte ich vor jedem Coaching und jeder Ausbildungsgruppe die Elohim um Reinigung des Raumes, um Unterstützung der Kunden und Teilnehmer in ihren Lernprozessen – soweit das in ihrem Seelenplan vorgesehen ist – und um himmlische Führung für mich und mein Wirken. Seit ich das tue, hat sich die Qualität meiner Arbeit deutlich verändert und ist noch liebevoller und kraftvoller geworden.

Falls du dich noch ausführlicher mit dem Thema Engel beschäftigen willst, findest du am Schluss des Buches noch einige Beispiele zu Erdenengeln.

Kontakt zu Verstorbenen

Ich weiß, dass es für viele ein wichtiges Thema ist, Kontakt mit ihren verstorbenen Lieben zu haben. Bei offenen Abenden mit Medien, die darauf spezialisiert sind, finden sich regelmäßig Hunderte oder gar Tausende von Menschen ein, die hoffen, von den Verstorbenen ein Zeichen zu erhalten. Sie wollen Beweise, dass sie noch da sind und dass es ihnen gut geht. Ich kann das gut verstehen. Auch ich habe mich gefreut, als an einem dieser Abende mein Vater erschien und an einem anderen meine Großmutter. Das waren wundervolle, bewegende Momente. Dabei ist es doch an sich klar: wenn es feinstofflichschwingende Energiewesen gibt, die wir Engel oder Geistführer nennen, dann sind natürlich auch die Verstorbenen noch da. Nur eben auf einer anderen energetischen Ebene. Zu meinen Aufgaben in diesem Leben gehört es aber nicht, Kontakt mit Verstorbenen herzustellen. Auch wenn ich es kann, ist es nicht Teil meines Seelenplans, so dass ich mich damit nicht intensiv beschäftige.

Ich werde oft gefragt, ob auch unsere Haustiere in der geistigen Welt weiterleben. Natürlich tun sie das! Genau wie wir mit verstorbenen Menschen in Kontakt treten können beziehungsweise sie mit uns, können wir das natürlich auch mit unseren geliebten Haustieren tun.

Die Entwicklung der Seele

Inzwischen ist dir vermutlich klar geworden: Wir leben nicht nur einmal. Wir inkarnieren so oft in menschlichen Körpern, bis wir alle Lektionen des Menschseins gelernt haben und im Innersten wieder in dem Gefühl der allumfassenden Liebe für uns selbst und die Schöpfung angekommen sind.

Wie auf der Erde gibt es auch in der geistigen Welt erfahrene und unerfahrene Seelen. Junge und alte. Seelen, die sich auf Heilung spezialisiert haben, wie es auf der Erde Ärzte und Heilpraktiker oder Geistheiler tun. Seelen, die Aufsicht führen und dafür sorgen, dass alles abläuft, wie es soll, wie auf der Erde Polizisten oder Verwalter. Wie oben, so unten. Jede Seele hat eine ihr angeborene Ur-Aufgabe, eine archetypische Seelenrolle. Neben dieser Rolle, die individuelle Aufgaben in sich trägt, sind die meisten Lernaufgaben einer Seele auf der Erde für alle gleich und sehr einfach. Sie umfassen alles, was uns in der menschlichen Existenz begegnen kann. Opfer und Täter sein. Freude und Leid erfahren. Liebe und Hass. Licht und Schatten. Gewinnen und scheitern. Verrat erleben und selbst verraten. Unterstützung und Behinderung. Stärke und Schwäche. Leben als Mann und als Frau. Siechen und Sterben. Neid, Eifersucht, Hunger, Todesangst, Aggression, Macht, Wut, Rachsucht, Geiz, Existenzangst und das jeweilige Gegenteil davon. Und kurz gesagt geht es immer darum, von Lieblosigkeit und ihren Folgen zurück zur allumfassenden Liebe zu finden.

Aber wie oft leben wir als Seelen in menschlichen Körpern hier auf der Erde?

Frühere Leben

Manche Seelen scheinen da fleißiger zu sein als andere. Was auch mit der archetypischen Seelenrolle zu tun hat, die ich dir im zweiten Teil des Buches, im Seelen-Navigator, ausführlich vorstelle. Die Anzahl der Inkarnationen reicht meines Wissens von mehreren hundert bis mehreren tausend Leben, die die Seele in einem menschlichen Körper verbringt, um ihre Lektionen zu lernen.

Warum erinnern sich die meisten Menschen nicht an frühere Inkarnationen? Und warum haben Erfahrungen aus früheren Leben Einfluss auf unsere Gegenwart?

Denk mal an die Zeit zurück, als du etwa zwei Jahre alt warst. Hast du klare Erinnerungen daran? Vermutlich nicht. Und doch wirkt alles, was du zu dieser Zeit an Gutem und weniger Gutem erlebt hast, bis in dein heutiges Leben hinein und beeinflusst alle deine Gefühle und dein Verhalten. Du erinnerst dich nicht, und trotzdem ist es geschehen. So ist es auch mit den Erinnerungen der Seele. In diesem Leben hast du ab dem Augenblick, wenn der Deckel auf das Glas kommt, kaum eine Erinnerung daran, woher du kommst und dass du unsterblich bist. Und doch ist es so. Genauso verhält es sich mit deinen früheren Leben und den traumatischen Erfahrungen darin (natürlich auch mit den guten, aber die kannst du einfach genießen und musst dich nicht weiter mit ihnen beschäftigen).

Besonders prägend sind Erfahrungen wie die, als Hexe zum Tode verurteilt und verbrannt oder von deiner Dorfgemeinschaft ausgeschlossen und alleine im Wald zurückgelassen worden zu sein. Tödliche Unfälle, Leben, in denen du einem Mordanschlag zum Opfer fielst oder eine Klippe hinuntergestürzt bist. All das hat eine Wirkung auf dein heutiges Leben.

Wenn du eine weise Frau oder Heilerin warst und als Hexe verbrannt worden bist, hast du heute vielleicht Angst, zu deiner Spiritualität zu stehen und sprichst – wenn überhaupt – nur im engsten Rahmen über deine Erfahrungen. Oder wenn du von der Dorfgemeinschaft zurückgelassen wurdest, nachdem man über dich entschieden hat, fürchtest du dich heute womöglich vor Situationen, bei denen du vor einer Gruppe stehst. Frühere Unfälle oder Mordanschläge können dir im heutigen Leben Probleme an den Körperstellen machen, die damals betroffen waren. So erklären sich schmerzende Stellen am Rücken oder eine Angst vor Messern, weil dir an dieser Stelle zu früheren Zeiten jemand ein Messer in den Rücken gerammt hat. Und aus einem Sturz von der Klippe kann im heutigen Leben unerklärliche Höhenangst geworden sein. Uns an alle vorherigen Leben von klein auf klar zu erinnern, würde uns nichts nutzen, sondern uns überfordern und lähmen. Heute im Erwachsenenleben ist es allerdings sinnvoll, sich die Ursprünge von unerklärlichen Problemen, Phobien, Abneigungen etc. anzusehen und sie zu heilen.

Ich selbst bin mit einer Angst vor Tunneln und engen Räumen geboren worden. Schon als Dreijährige konnte ich im Kindergarten den anderen Kindern durch eine enge Röhre hindurch nicht hinterherkrabbeln. Ich erinnere mich daran, dass ich eine heftige Panikattacke hatte. So schlimm, dass die Kindergärtnerin meine Eltern anrief, die mich abholen mussten. Erst viele Jahre später als Erwachsene fand ich den Grund für meine Panik in einer Rückführung. Ich erlebte mich als Arbeiter in einem Bergwerk, der zusammen mit anderen verschüttet und eingeschlossen wurde und in diesem Stollen langsam und qualvoll starb. Seitdem das gelöst ist, kann ich ohne Probleme mit dem Auto durch einen langen Tunnel fahren. Ich freue mich sogar immer darauf, weil es mir jedes Mal aufs Neue bestätigt, dass die Ursache der alten Angst geheilt ist.

Das Seelenalter

Hast du in letzter Zeit mal in die Augen eines neugeborenen Kindes geblickt? Bei vielen von ihnen hat man das Gefühl, in die Augen alter, weiser Seelen zu blicken. Und so ist es wohl auch. Die meisten der in den letzten Jahren neu geborenen Seelen sind reife oder alte Seelen. Warum? Damit sie diesem Planeten Gutes tun und unsere Aufenthaltsmöglichkeit für die menschliche Rasse hier auf der Erde noch für eine Weile verlängern können.

Die verschiedenen Stufen des Seelenalters entsprechen in etwa den Entwicklungsstufen, die wir als Mensch durchlaufen. Das zeigt auch, dass eine alte Seele nicht besser ist als eine junge oder umgekehrt. Wie ein alter Mensch auch nicht besser oder schlechter ist als ein Säugling. Je älter eine Seele wird, desto weiser wird sie dabei und desto mehr nähert sie sich der endgültigen Rückkehr in die geistige Welt. Dennoch haben wir alle sämtliche Stadien durchlaufen und die Welt aus den Augen eines Säuglings oder eines Grundschülers gesehen. Wenn du dieses Buch liest, ist die Wahrscheinlichkeit allerdings recht hoch, dass du über die ersten Entwicklungsschritte bereits hinweg bist.

Die Entwicklungsstufen

Auf jeder Entwicklungsstufe der Seele gibt es zahlreiche Lernaufgaben und Herausforderungen, für die sie so viele Anläufe zur Verfügung hat, wie sie eben braucht. Da es in der geistigen Welt keine Zeit, sondern Zeitlosigkeit gibt, in der alles gleichzeitig stattfindet, spielt es für sie keine Rolle, ob sie zehn oder hundert Leben für eine Lernaufgabe braucht. Je älter die Seele wird, desto schneller ist aber normalerweise ihre Entwicklung.

Die Baby-Seele:
Für sie geht es darum, sich hier auf der Erde überhaupt erst einmal zurechtzufinden. Mit der Energie klarzukommen, die sie hier vorfindet, sich mit den physischen Abläufen vertraut zu machen. Und zu beginnen, sich selbst wahrzunehmen. Es ist wie eine erste Akklimatisierung hier auf der Erde. Die Baby-Seele ist ängstlich und verletzlich und fühlt sich von ihrer Heimat abgeschnitten. Die Aufenthaltsdauer einer Baby-Seele in der jeweiligen Inkarnation ist meist nicht lang.

Die Kind-Seele:
Auf dieser Stufe geht es vor allem um den inneren Widerspruch zwischen dem Wunsch nach Unabhängigkeit und dem Gefühl der Abhängigkeit. Es ist vergleichbar mit einem sieben- bis zehnjährigen Kind, das vieles gerne tun würde, was im Moment noch nicht möglich ist. In diesem Seelenalter fühlt die Seele sich als Opfer und erwartet von anderen, sie zu retten. Sie ist trotzig und tut vieles nur für das eigene Vergnügen. Andere Menschen und ihre Bedürfnisse sind ihr noch nicht wichtig.

Die junge Seele:
In diesem Alter strebt die Seele nach Reichtum und Macht. Sie will ihre Kräfte messen, will gewinnen, ist ehrgeizig und sich selbst am nächsten. Sie versucht, Kontrolle über die Welt und ihr Leben zu bekommen und richtet sich darum stark nach den ihr vermittelten Wertesystemen. Die junge Seele entspricht in Menschenjahren der Zeit von der Pubertät bis etwa Anfang/Mitte dreißig.

Die reife Seele:
Jetzt strebt die Seele nach weiterer Inspiration. Sie öffnet sich für die Ansichten anderer, studiert andere Glaubenssysteme und tauscht sich mit Menschen anderer Kulturen und Lebensformen aus. Sie zieht Bilanz und wird durch das, was sie alles schon erlebt, gelernt und verinnerlicht hat, gelassener und ruhiger. Gleichzeitig steigt ihre Kreativität und Produktivität. Das Ziel ist nun nicht mehr, andere auszustechen oder die bestmögliche Leistung zu erbringen, sondern etwas zu erschaffen, das der Menschheit dienen kann. In Menschenjahren ist dies die Zeit zwischen 35 und 55 Jahren.

Die alte Seele:
Sie entspricht dem älteren Menschen ab 55 bis zu seinem Tod. Mit den äußeren Themen der Welt ist die Seele inzwischen mehr oder weniger in Frieden beziehungsweise hat die wesentlichen Schritte gemacht und verstanden. Da es noch nicht viele Seelen auf dieser Stufe gibt, fühlt die alte Seele sich oft allein und sehnt sich umso mehr nach ihrer wahren Heimat. Je besser es ihr gelingt, die geistige Welt und ihre Helfer bewusst wahrzunehmen, desto leichter kann sie die letzten Leben auf dieser Erde gestalten. Die alte Seele ist unabhängig von der Meinung anderer und geht ihren eigenen Weg. Viele (aber nicht alle) Medien und spirituellen Lehrer befinden sich auf dieser Stufe und ziehen ein ruhiges Leben einem Leben in der lauten Öffentlichkeit vor.

Die weiteren Entwicklungsschritte der Seele finden dann nicht mehr in einem menschlichen Körper, sondern auf der feinstofflichen Ebene statt. Und auch hier geht das Lernen immer weiter, bis die Gesamtseele sich schließlich wieder mit dem Ganzen vereint und endgültig nach Hause zurückkehrt.

Was geschieht, wenn wir sterben?

Beim Tod unseres Körpers kehrt unsere Seele in die geistige Welt zurück. Berichte über Nahtoderfahrungen sind inzwischen zahlreich und belegt. Es sind Berichte von Menschen, die klinisch tot waren und doch wieder zurück ins Leben gekommen sind. Auch die Erfahrungen aus Abertausenden von Rückführungen (Reisen in frühere Leben) zeigen immer wieder ähnliche Muster dessen, was geschieht, wenn unser Körper stirbt und unsere Seele die Erde wieder verlässt.

Im Moment des körperlichen Todes löst sich die Seele vom Körper, bleibt aber noch für eine Weile in der Nähe. Die meisten sehen ihren gerade verlassenen Körper im Bett oder auf dem Boden liegen und schweben in einigem Abstand darüber. Die Seele kann dabei alles wahrnehmen. Menschen mit Nahtoderfahrungen können nach ihrem Erwachen wiedergeben, worüber gesprochen wurde, was stattgefunden hat, um sie wiederzubeleben, aber auch, was die einzelnen Personen gedacht und gefühlt haben. Viele beschreiben dann einen lichtvollen Tunnel, der sie angezogen hat und auf den sie sich zubewegt haben. Dort haben sie andere lichtvolle Seelen getroffen, die sie begrüßt, dann aber wieder zurück auf die Erde geschickt haben, weil ihre Zeit noch nicht gekommen war. Das Gefühl wird ausschließlich als licht- und liebevoll beschrieben.

Vor dem Übergang in die geistige Welt kann die Seele noch eine Weile in der Nähe derjenigen bleiben, denen sie im Leben nahegestanden hat. Was viele meiner Teilnehmer und auch ich selbst bereits erlebt haben, ist, dass Seelen sich kurz vor ihrem Tod »verabschieden« kommen. Sie erscheinen den Nahestehenden im Traum oder als Schatten vorm Bett. Oft bleiben auch Uhren exakt zu dem Zeitpunkt stehen, an dem ein Nahestehender stirbt.

Während die Seele sich vom Körper löst, erlebt sie eine erste Lebensrückschau, in der sie erkennen kann, welche Entscheidungen sie getroffen hat und was diese bewirkt haben. Das ist übrigens das, was die christliche Kirche mit »Fegefeuer« meint. Nur dass kein allmächtiger Gott auf uns herabsieht und uns verurteilt, sondern dass wir lediglich mit all unseren Taten noch einmal konfrontiert werden und zum ersten Mal die Konsequenzen unserer liebevollen und weniger liebevollen Handlungen und Gedanken begreifen. Hat man ein Leben voll mutiger Hingabe gelebt und sein Bestes gegeben, fällt dieser Rückblick naturgemäß angenehmer aus, als wenn man als mordender Rowdy durch die Welt gezogen ist. Die Seele wird dabei aber von keiner Instanz verurteilt. Einzig sie selbst urteilt über sich.

Während die Seele sich immer mehr vom Irdischen löst, nimmt das Licht um sie herum zu. Viele berichten von Zwischenstadien, in denen die Seele auftanken, sich regenerieren und das Leben auf der niedrig schwingenden Erde verarbeiten kann, während die eigene Energie wieder »hochgefahren« wird. Das habe ich selbst einige Male in Rückführungen und in tiefer Hypnose erlebt. Bei all dem sind unsere himmlischen Helfer immer in unserer Nähe und vermitteln uns ein Gefühl von Liebe und Sicherheit.

Das Leben zwischen den Leben

Irgendwann lässt die Seele das Irdische völlig hinter sich und taucht wieder ganz in die geistige Welt ein. Dort findet dann ein Wiedersehen mit den inkarnierten und nicht inkarnierten Anteilen der Gesamtseele statt, was für viele, die davon berichten, ein wunderschönes Erlebnis des »Nachhausekommens« ist. Auch der Kontakt mit anderen Gesamtseelen beziehungsweise deren Anteilen in der Nähe ist möglich und das Wiedersehen mit bereits verstorbenen Familienmitgliedern und geliebten Haustieren, die aus weiter entfernten Gesamtseelen stammen. Bei diesen Kontakten ist ausschließlich von Wiedersehensfreude, Wiedererkennen und lichtvoller Liebe die Rede. Auch werden Seelenanteile getroffen, die einem im gerade vergangenen Leben übel mitgespielt haben und die die Seele jetzt wieder als eigene Anteile begreift. Spätestens jetzt erkennt die Seele auch die Seelenrollen innerhalb ihrer Gesamtseele, die ich im zweiten Teil des Buches ausführlich schildere. Sie weiß wieder, ob ihre Gesamtseele aus Heilern, Weisen, Gelehrten, Künstlern, Königen, Priestern oder Kriegern besteht und was ihr Auftrag innerhalb der Schöpfung ist.

Zusammen mit den himmlischen Begleitern betrachtet die Seele schließlich noch einmal umfänglich die letzte Inkarnation mit all ihren verpassten und genutzten Lernchancen. Sie erkennt, wie und wo sie durch andere Entscheidungen oder mehr Liebe ihrem Seelenplan noch mehr hätte entsprechen können. Sie erkennt auch, warum sie wen, wann und wozu getroffen hat. Es ist eine intensive Aufarbeitung, an deren Ende die Seele sich selbst vergibt und die gewonnenen Erkenntnisse in ihre Gesamtseele integriert werden.

Bevor die Gesamtseele dann einen neuen Teil ins Glas schöpft und einen neuen Seelenteil wieder auf die irdische Ebene schickt, wählt sie in der geistigen Welt sorgsam die Rahmenbedingungen und die Lernaufgaben für das nächste Erdenleben aus. Insbesondere auch für die Lernthemen, die bei der letzten Inkarnation offengeblieben beziehungsweise nicht ausreichend bearbeitet worden sind. Dafür stehen ihr zahlreiche Begleiter und Berater zur Seite, die mit ihr zusammen die verschiedenen Optionen durchgehen. Alternativ kann die Seele sich auch entscheiden, ein Päuschen zu machen und sich eine Weile nur mit Spiel und Spaß zu beschäftigen. Über kurz oder lang macht sie sich aber dann doch wieder auf den Weg, um die nächsten Lektionen ihrer Entwicklung anzugehen.

Das Ganze wiederholt sich so lange, bis die Seele alle möglichen und angedachten Lektionen gelernt hat, auf eine höhere Ebene aufsteigt und von dort aus selbst als Geistführer, Lehrer oder Heiler anderen Seelen als Helfer zur Verfügung steht. Oder sich anderen Aufgaben zum Wohle des Ganzen zuwendet. Bei all dem ist sie nie allein, sondern hat stets ihre eigenen weiterentwickelten Helfer an ihrer Seite.

Karma

Von diesem Begriff haben viele Menschen, vermutlich auch du, schon gehört. Allerdings geistern sehr unterschiedliche Definitionen davon durch die Welt. Dabei ist Karma ganz einfach das Gesetz von Ursache und Wirkung. Oder anders gesagt: Was du tust, kehrt zu dir zurück. Und auch: Was du nicht willst, dass man dir tu, das füg auch keinem anderen zu.

Alles, was die Seele im menschlichen Körper tut, erzeugt Karma. Ist man liebevoll zu sich selbst und anderen, gibt stets sein Bestes, löst sich immer mehr vom Opfersein und wird sich seines eigenen göttlichen Kerns und seiner Schöpferkraft bewusst, sammelt man quasi Pluspunkte und bekommt das, was man tut, in diesem oder manchmal auch erst im nächsten Leben wieder zurück.

Geht die Seele aber gnadenlos durchs Leben – was, wie schon beschrieben, vor allem für noch junge Seelen völlig normal ist – und lebt das eigene Vergnügen auf Kosten anderer, sammelt sie Punkte an, die sie ebenso in diesem oder einem der nächsten Leben wieder abarbeitet. Das Abarbeiten geschieht dann einerseits dadurch, dass man in gleiche oder ähnliche Situationen gerät, dass beispielsweise ein Mörder selbst zum Mordopfer wird. Oder auch dadurch, dass man das, was man anderen angetan hat, im selben oder späteren Leben bei diesen wieder ausgleicht, indem man ihnen Gutes tut. Es geht dabei nie um Bestrafung oder Belohnung, sondern ausschließlich um einen Energieausgleich durch eigene Erfahrung. Nur Erfahrungen führen zu den von der Seele angestrebten Erkenntnissen und nur durch die Erkenntnisse geschieht inneres Wachstum. Je reifer eine Seele ist, desto mehr kann sie Frieden mit all dem machen, was sie aus vergangenen Leben oder auch aus der frühen Zeit des aktuellen Lebens noch an Rechnungen offen hat. Grundsätzlich kann man sagen, je jünger die Seele, desto mehr Karma häuft sie als Täter an, und je älter die Seele, desto mehr gleicht sie altes Karma aus und verhindert die Anhäufung von neuem. Das Ganze gilt übrigens nicht nur für Taten, sondern auch für Worte und Gedanken, deren Energie uns selbst und anderen genauso schaden kann wie ein Messer im Rücken.

Jede Einmischung, und sei sie noch so gut gemeint, führt ebenfalls zu neuem Karma. Dies ist vor allem für die wichtig, die ungefragt und mit eigentlich guter Absicht Heilungsenergie, Fernreiki oder Ähnliches schicken, ohne dass der Betroffene davon weiß oder es ausdrücklich bestellt hat. Wer unbedingt auf diese Art helfen möchte, sollte die Heilenergie sicherheitshalber immer über seine Geistführer auf den Weg bringen. Ist es für die andere Person nicht nützlich, wird sie dann einfach nicht weitergegeben.

Der Mythos der Seelengefährten und Dualseelen

Der Seelenfährte ist ein heikles, aber wichtiges Thema für viele Menschen, deswegen gehe ich etwas ausführlicher darauf ein. Viele sind sicher, dass es irgendwo da draußen in der Welt den einen perfekten Seelengefährten für sie gibt. Manche sehnen sich schon von klein auf nach ihm oder ihr und wünschen sich nichts mehr, als ihm oder ihr endlich zu begegnen. Das galt viele Jahre auch für mich. Alle potenziellen Partner wurden von mir darum auf das intensive Gefühl abgecheckt, das ich bei der Sehnsucht nach meinen Seelengefährten in mir spürte. Dieser überirdischen Sehnsucht hat natürlich keiner standgehalten. Wie auch? Fühlte sich die gespürte innere Verbindung mit dem Seelengefährten doch so absolut perfekt und vollständig an, dass der Kontakt mit einem »normalen« Menschen dieses unbeschreibliche Gefühl niemals erreichen konnte. Warum zur Hölle ist es mir nicht vergönnt, meinen Seelengefährten zu finden?, fragte ich mich damals. Und warum gab es da draußen so viele tolle Partnerschaften und nur ich geriet immer wieder an die Falschen? Warum war ich im Innersten absolut sicher, dass es »ihn« dort draußen für mich geben würde und war dann doch nicht in der Lage, ihn zu finden?

Heute weiß ich, warum. Auch wenn manche Menschen das nicht gerne hören oder lesen wollen – den *einen* Seelengefährten gibt es nicht. Vielen Männern, denen ich begegnet bin und mit denen ich eine Beziehung hatte, habe ich also Unrecht getan. Entweder habe ich ihnen das Gefühl gegeben, sie seien nicht gut genug. Oder ich habe sie – natürlich gänzlich unbewusst – völlig überhöht und auf einen Sockel gestellt. War absolut und hundertprozentig sicher, dass genau dieser Mann jetzt mein Seelengefährte war. Dass er es nur noch nicht erkannt hatte und es meine Aufgabe war, es ihm so lange klarzumachen, bis er es endlich verstehen würde. Dass diese Beziehungen nicht von Glück beseelt waren, versteht sich von selbst. Ich war ja entweder damit beschäftigt, nach etwas Besserem Ausschau zu halten (meinem »echten« Seelengefährten, nicht nur dem Kompromiss, mit dem ich da gerade zusammen war), oder den Mann an meiner Seite davon zu überzeugen, dass wir unbedingt und auf jeden Fall füreinander geschaffen waren. Heute kann ich darüber lächeln, damals fühlte es sich jedes Mal, wenn es wieder schiefgegangen war, wie ein Weltuntergang an.

Ein anderer häufig genutzter Ausdruck für Seelengefährten ist die Dualseele. Es gibt eine Theorie, nach der es von Geburt der Seele an einen weiblichen und einen männlichen Seelenanteil gibt, die untrennbar zusammengehören. Aus irgendeinem Grund wird diese Einheit dann getrennt und die Seele sucht fortan verzweifelt nach ihrer gegengeschlechtlichen Ergänzung, um sich wieder vollkommen zu fühlen. Wozu sollte das gut sein? Ich kenne einige Kollegen, die absolut sicher sind, dass jeder von uns die Hälfte einer Dualseele ist. Doch ich bin davon überzeugt, dass es auch Dualseelen nicht gibt. Zwar gibt es in sehr vielen Menschen eine große Sehnsucht, doch das ist die Sehnsucht nach der Rückverbindung mit unserer Gesamtseele. Also nach der Glasschüssel voll mit Seelenenergie mit all den vielen Anteilen, zu denen auch wir gehören.

Doch woher kommt dieser Mythos des Seelengefährten beziehungsweise der Dualseelen? Begegnen sich Anteile unserer Gesamtseele hier auf der Erde, weil sie zur selben Zeit inkarniert sind, entsteht eine Anziehung, die mit nichts anderem vergleichbar ist und sich wie urplötzliche, allumfassende Liebe, Zugehörigkeit und ein Nachhausekommen anfühlt. In vielen Fällen ist das höchst überwältigend. Ab und zu betrifft das dann tatsächlich auch Mann und Frau im ähnlichen Alter, also potenzielle Beziehungs- und Sexualpartner. Doch viel häufiger begegnen sich Seelenanteile in weit entferntem Alter oder mit abweichender sozialer oder kultureller Herkunft. In den letzten Jahren haben diese Begegnungen zugenommen. Immer mehr Menschen um mich herum haben Kontakt mit Seelenanteilen ihrer Gesamtseele hier auf der Erde. Auch ich habe das vor einigen Jahren erlebt.

Es war der 14. Februar, Valentinstag, und ich war auf einem Seminar, bei dem die Leiterin gleich am Anfang darauf hinwies, dass dies ein ganz besonderer Tag sei. Der Beginn einer einmaligen Phase des neuen Wassermannzeitalters, genau an diesem Morgen um 10.13 Uhr. Ich kam spät in die Runde und nahm den letzten freien Platz. Direkt neben mir saß ein großer, blonder Mann, den ich erst nicht weiter beachtete. Wenige Minuten nach Beginn spürte ich, wie unsere Knie sich aufeinander zubewegten und wir schließlich eng aneinandergepresst dasaßen. Wir sahen uns dabei nicht an, sondern blickten beide irritiert weiter geradeaus. Ich hatte diesen Mann noch nie zuvor gesehen und doch fühlte es sich absolut natürlich und richtig an, ihm so nah zu sein. Das Ganze verwirrte mich allerdings sehr und ich achtete darauf, bei den Übungsgruppen möglichst großen Abstand zu ihm zu halten. In der Pause gingen wir nebeneinander die Treppe hinunter. »Wer bist du?«, fragte ich ihn. »Deine Familie«, sagte er. Dann gingen wir auseinander. Das war das Einzige, das wir an Worten wechseln konnten. Wir waren völlig sprachlos und sahen einander fortwährend mit großen Augen an. Zu allem Überfluss war dieser Mann auch noch wirklich attraktiv und hatte eine sehr liebevolle Ausstrahlung. Ich wusste kaum, wie mir geschah. Wir bemühten uns weiter, uns aus dem Weg zu gehen und konnten doch mit den Augen nicht voneinander lassen. Am dritten Tag des Seminars begegneten wir uns in der Mittagspause im Wald. Kurz zuvor hatte ich meine Seele um ein Zeichen gebeten, ob dieser Mann wirklich aus meiner »Familie« stammt. Als wir uns im Wald trafen, umarmten wir uns lange schweigend. Dann gab er mir wortlos eine Schokoladenpraline der Firma Lindt – dem Mädchennamen meiner Mutter.

Vier Tage dauerte das Seminar. Eine Zeit, in der wir kaum ein Wort gewechselt haben und gleichzeitig durch emotionale Höhen und Tiefen gegangen sind, wie wir sie beide nie zuvor erlebt hatten. Es folgte ein kurzes, nahezu sprachloses, intensives Wiedersehen nach einigen Wochen. Schnell wurde uns aber klar, dass wir nicht etwa ein Liebespaar werden oder das Leben miteinander verbringen sollten. Diese Intensität hätte keiner von uns auf Dauer ertragen können. Doch wozu waren wir uns dann begegnet? Da machte es klick. Dieser Mann war nicht Teil meiner Seelenfamilie, er war Teil meiner Gesamtseele. Ein Teil meiner eigenen Seele, der mit mir auf der Erde inkarniert war und sich für diesen besonderen Valentinstag (der Himmel hat wirklich Sinn für Humor) mit mir verabredet hatte, damit ich das Prinzip der Gesamtseele verstehen konnte.

Die Begegnung mit ihm gehört mit zu den eindrücklichsten Erfahrungen meines Lebens, und ich bin sehr dankbar dafür. Noch immer sind wir intensiv im Inneren, ganz selten auch im Äußeren in Kontakt. Geht es ihm nicht gut, spüre ich das und schicke ihm gute Gedanken oder auch eine Nachricht, um ihn aufzurichten. Und umgekehrt genauso.

Sehr oft münden Begegnungen mit Anteilen unserer Gesamtseele also nicht in dauerhaften Liebesbeziehungen, sondern verlaufen eher dramatisch, stürmisch oder so intensiv, dass wir sie besser loslassen und uns auf das Wiedersehen in der geistigen Welt freuen. Natürlich gibt es auch manchmal Anteile einer Gesamtseele, die gemeinsam ihr Leben verbringen. Soweit mir bekannt ist, ist das aber sehr selten.

Seelenfamilien

Neben den Anteilen unserer eigenen Gesamtseele, denen wir in diesem Leben begegnen können, gibt es in der geistigen Welt Gesamtseelen, die uns im unendlichen Ozean des Seins näherstehen als andere. Oder, wieder bildlich gesprochen, ihre Glasschüsseln schwimmen ganz in unserer Nähe, weil sie eine ähnliche Schwingung haben wie unsere. So ist deine genau wie meine Gesamtseele umgeben von zahlreichen weiteren Gesamtseelen, die in direkter Nähe und miteinander in Kontakt sind. Diese miteinander schwingenden Gesamtseelen sind unsere Seelenfamilie.

Seelenfamilien unterstützen sich gegenseitig in ihrer Entwicklung. Das gilt für die Zeit in der geistigen Welt ebenso wie für unsere Zeit hier auf der Erde. So verabreden sich Mitglieder einer Seelenfamilie über viele Inkarnationen hinweg, miteinander zu wachsen und sich gegenseitig für die zahlreichen Lernaufgaben zur Verfügung zu stehen. Häufig sind darum die Menschen, die uns das Leben am schwersten machen, geliebte Seelen, mit denen wir in der geistigen Welt bestimmte Verabredungen für dieses Leben getroffen haben. »Arschengel« nennt sie mein Kollege Robert Betz, und ich finde, das trifft es ganz genau. Natürlich gibt es auch Verabredungen, um sich gegenseitig ganz und gar unterstützend zur Seite zu stehen.

Mitgliedern unserer Seelenfamilie begegnen wir darum häufig im engsten Kreis. In unseren Eltern, Geschwistern, Großeltern, Onkeln und Tanten, unseren Lehrern, unseren besten Freunden oder unseren Lebenspartnern. Manche treten erst spät in unser Leben. Mit ihnen haben wir uns in der geistigen Welt für einen ganz bestimmten Termin verabredet – meist ist das eine besonders herausfordernde Zeit – und ein Erkennungszeichen dafür vereinbart. In vielen Fällen erkennt man sie durch einen tiefen Blick in die Augen. Mit anderen gibt es Seelenverträge, ein bestimmtes Thema so lange miteinander zu bearbeiten, bis es gelöst ist.

Eine Partnerschaft zwischen Seelen, die aus einer Seelenfamilie stammen, ist meist von Liebe getragen, harmonisch und friedlich. Da die Spannung fehlt, sind das oft Beziehungen, in denen der Sex keine wichtige Rolle spielt, sondern es vor allem um gegenseitige Unterstützung, gemeinsamen Genuss oder gemeinsame Projekte geht. In Beziehungen mit Mitgliedern anderer Seelenfamilien sprühen dagegen häufig die Funken und damit verbunden gibt es eine intensive Sexualität. Was besser oder schlechter ist? Das entscheidet jeder für sich selbst.

Der Seelen-Navigator

Der Plan der Seele

Zu verstehen, wonach ich mich von klein auf gesehnt habe und wozu genau meine Seele auf dieser Welt ist, hat mich viele Jahre meines Lebens gekostet. Damit du deine Seele und ihre inneren Anteile leicht und zuverlässig finden und dich selbst und deine Aufgaben in dieser Welt erkennen kannst, habe ich den Seelen-Navigator entwickelt, um den es jetzt im zweiten Teil des Buchs geht. Die wichtigsten Informationen über die Seele, ihre Entwicklung und ihre himmlischen Helfer hast du bereits bekommen. Damit ist die Grundlage geschaffen, um deine eigene Seele in der Tiefe kennenzulernen und herauszufinden, wofür du *wirklich* auf dieser Welt bist. Jetzt geht es ganz und gar um dich.

Jeder Mensch sucht sein Leben lang bewusst oder unbewusst nach Orientierung, Zugehörigkeit, Eindeutigkeit. Nach einem Ziel, einer Aufgabe, einem Plan. Es gibt diesen Plan. Es ist der Plan unserer Seele. Der Grund, aus dem wir in dieses Leben gekommen sind. Wir sind hier, um unseren Platz einzunehmen und das Potenzial unserer Seele mit allen zur Verfügung stehenden Mitteln zu nutzen und zu leben. Für unsere eigene Entwicklung und damit zum Wohle des Ganzen und der Entwicklung des Universums.

Von allem, was ich bisher über das Thema gelesen, gelernt und erfahren habe – und das war eine ganze Menge – sind einige wenige Ansätze übrig geblieben, die für mich nach jahrelanger Überprüfung (mit Unterstützung der »Jungs«) stimmig sind, logisch und tiefenpsychologisch fundiert. Mit diesen

Ansätzen und Grundgedanken arbeite ich zum Teil schon seit meiner Kindheit an meiner eigenen Entwicklung und nutze sie seit über zwanzig Jahren in meinen Coachings, Workshops und Ausbildungen. Sie haben sich nicht nur für mich, sondern auch für viele andere Menschen bewährt. Darum teile ich sie hier mit dir, damit auch du dadurch mehr Klarheit über dich, deine Seele, deine Bestimmung und deine Lebensaufgaben bekommen kannst.

Die 7 Schritte des Seelen-Navigators

In meinen ersten beiden Büchern habe ich den Karriere-Navigator und den Lebenstraum-Navigator vorgestellt. Der Karriere-Navigator hilft dabei, die eigene Berufung zu erkennen und im idealen Job mit den passenden Rahmenbedingungen zu leben. Im Lebenstraum-Navigator zeige ich, wie man das Potenzial der eigenen Seele anhand der inneren Sehnsucht, der Lebensträume erkennen kann. Und wie man anhand der eigenen Biografie erkennt, welche Lernaufgaben man sich für dieses Leben vorgenommen hat.

In diesem Navigator, dem Seelen-Navigator, geht es noch weiter nach innen. Hier geht es nicht »nur« um die Berufung und das Potenzial deiner Seele für dieses Leben, sondern darüber hinaus um den Sinn deines Lebens in diesem und vielen anderen Leben, die deine Seele schon gewählt hat und noch wählen wird.

Wie bei allem, was du hier bisher gelesen hast, lass dich für einen Moment auf die folgenden Grundgedanken ein und prüfe mit dem Herzen, ob sie für dich passen. Falls du keine Resonanz darauf bekommst, auch gut. Dann gibt es womöglich andere Konzepte, die dir mehr entsprechen. Doch vielleicht bekommst du ja trotzdem wertvolle Impulse, die dich auf deinem Weg unterstützen und voranbringen.

Im Seelen-Navigator fügen sich alle wichtigen Ereignisse, Gefühle und Elemente deines Lebens zu einem stimmigen Gesamtbild zusammen. Was dich dann nahezu automatisch in einen dauerhaften Zustand der inneren Mitte bringt, den nichts und niemand so schnell wieder erschüttern kann.

Die sieben Schritte auf dem Weg zu deinem Seelen-Navigator sind unterschiedlicher Natur. Zum Teil geht es darum zu spüren, worauf du Resonanz bekommst. Zum Teil darum, zu rechnen und nachzulesen und manche Schritte haben eine Workshop-Form, bei der du dir die Antworten erarbeitest. Wichtig ist, dass du dir nicht nur die Antworten auf die Fragen notierst, sondern immer auch noch eigene Gedanken dazu. Manche der folgenden Ansätze sind ähnlich, doch sie beleuchten dein Leben und deine Seele immer wieder aus einer anderen Perspektive heraus. Bei diesen werden deine Antworten und Notizen vermutlich ähnlich oder sogar gleich sein. Gut so. Das Ziel ist, dass die Gedanken und Informationen sich verdichten und die offenen Enden deines Lebens sich finden können. Das alles führst du dann am Ende in deinem Seelen-Navigator zusammen.

Der Seelen-Navigator besteht aus sieben Schritten:
1. die archetypische Seelenrolle über alle Leben hinweg erkennen,
2. den Archetyp für dieses Leben berechnen,
3. den Genius in diesem Leben formulieren,
4. die Berufung in diesem Leben finden,
5. die Big Five der Seele in diesem Leben entwickeln,
6. die Lernaufgaben für dieses Leben verstehen,
7. dem Seelen-Navigator auf einen Blick.

Wenn du wirklich den Zugang zu deiner Seele finden und erkennen willst, warum du auf dieser Welt bist, dann ist es wichtig, dass du die folgenden Kapitel des Seelen-Navigators nicht einfach nur liest, sondern wirklich Schritt für Schritt bearbeitest. Leg das Buch auch ab und zu mal zur Seite, damit deine Gedanken und Gefühle sich setzen können. Abhängig von deinen seelischen Parametern kann es Minuten, Stunden, Tage oder sogar Wochen dauern, bis du das Gefühl hast, weitergehen zu können. Oder bis du das Gefühl hast, ein Kapitel und dessen Aufgaben wirklich durchdrungen und verinnerlicht zu haben. Es ist absolut okay und auch sinnvoll, dir Zeit zu lassen. Deinen Seelen-Navigator entwickelst du womöglich nur einmal in deinem Leben (wobei es darin Aspekte gibt, die sich im Laufe der Zeit und immer dann, wenn du etwas Bedeutsames umgesetzt hast, durchaus ein bisschen verändern können, weshalb du ihn in ein paar Jahren ruhig noch einmal machen kannst). Wenn du wie ich als Archetyp Wagen durch die Welt stürmst (das erkläre ich später), kann es aber auch sein, dass du alles an einem Tag oder einem Wochenende bearbeiten willst. Auch völlig okay. Nimm dir einfach genau die Zeit, die du brauchst. Hauptsache, du fängst an.

Rückschläge und Verwirrungen auf dem Weg sind übrigens ganz natürlich, auch wenn sie natürlich nicht schön sind (lies diesen Satz ruhig noch einmal). Sie stammen meist daher, dass dein Verstand sich bemüht, die neuen Informationen in sein bestehendes Weltbild einzuordnen. Das wird allerdings nicht in allen Fällen gelingen, da du dich und deine Seele von einer völlig neuen Perspektive aus betrachtest. Nimm die Verwirrung einfach zur Kenntnis und mach dir nichts weiter draus. Wie bei den meisten anderen Dingen, die man neu lernt, braucht es eine Weile, um sie ins vorhandene Weltbild zu integrieren, oder – und das ist hier noch wahrscheinlicher – ein neues, offeneres Weltbild zu entwickeln.

Archetypen – eine Einführung

Im Seelen-Navigator geht es um deine »Ur-Formen«. Deine Ausdrucksformen über die Zeit hinweg. Man kann auch Archetypen dazu sagen, da es Grundformen sind, so alt wie die Menschheit selbst. Der Begriff des Archetyps geht auf den Schweizer Psychologen C. G. Jung zurück. »Arche« stammt aus dem Griechischen und bedeutet Ursprung, Wesen, Ausgangspunkt. »Typ«, ebenfalls aus dem Griechischen, bedeutet Form, Muster, Vorbild. So steht der Begriff Archetyp für das ursprüngliche Wesen, das in einer bestimmten Form in Erscheinung tritt beziehungsweise in Erscheinung treten kann oder soll.

Archetypen sind im Unbewussten (und in der Seele) angelegte psychische Muster. Kollektive Symbole, die alle Mitglieder einer Kultur kennen. Beispiele dafür sind die Mutter, der Vater, der weise Alte, der Held, der Heiler, der Engel, der Tod, Animus und Anima (der männliche und weibliche Anteil der Seele in uns), unser Licht- und Schattentyp (also das, was wir an uns mögen und das, was wir an uns – zum Teil unbewusst – ablehnen). Diese Archetypen gelten für alle Menschen und sind als kollektives Unbewusstes in jedem von Geburt an vorhanden. So können beispielsweise auch kleine Kinder, die noch nie einen alten Mann mit Bart gesehen oder von einem Engel gehört haben, kaum dass sie sprechen können, davon träumen und ihn am Morgen beschreiben.

Jeder von uns hat darüber hinaus auch seine persönlichen Archetypen. Grundtypen, die uns durchs Leben begleiten. Und auch wieder daraus hinaus. Grundtypen mit ihren psychischen Mustern, auf Basis derer wir bestimmte Dinge, Themen und andere Archetypen bevorzugen oder ablehnen. Zum Beispiel fühlen wir uns besonders wohl mit anderen Menschen, deren Archetyp dem unseren ähnelt. Gleich und gleich gesellt sich gern, heißt das dann im Volksmund, doch dahinter steckt noch viel mehr. Häufig treffen wir nämlich Mitglieder unserer himmlischen Seelenfamilie wieder, die den gleichen Archetyp haben wie wir.

Deine persönlichen Archetypen

Im Seelen-Navigator lernst du als Erstes deine archetypische Seelenrolle über alle Leben hinweg und danach deinen Archetyp für dieses Leben kennen. Deine Archetypen zu kennen hilft dir, deinen Weg zu finden, dich selbst und andere in ihrer Andersartigkeit besser zu verstehen, deine Seele zu ergründen und ihr gemäß zu leben.

Wenn du deine Archetypen kennst und bewusst lebst, fühlst du dich vollständig, kraftvoll, wahrhaftig, authentisch und frei. Wenn du versuchst, etwas anderes darzustellen oder zu leben, fühlst du dich eher wie ein falscher Fünfziger und hast – meistens allerdings völlig unbewusst – fortwährend Angst davor aufzufliegen. Was furchtbar anstrengend und ganz bestimmt nicht der Sinn deines Lebens ist.

Unsere Archetypen sind die Grundlage für alles, was wir in diesem Leben erreichen können. Nur wenn wir unserem Typ gemäß leben, können wir auf entspannte, gesunde Art erfolgreich sein. Nur dann ziehen wir die Ereignisse und Menschen an, die uns wirklich guttun. Um den wahren Sinn, den Kern deines Lebens zu finden, ist es darum sinnvoll und wichtig, deine Archetypen zu kennen. Natürlich kannst du dich dann immer noch dagegen entscheiden, sie auch zu leben, doch das wird dir auf Dauer nicht gelingen. Zumindest nicht so, dass du dich dabei rundum wohl und zufrieden fühlst. Dein Archetyp, dein Kern, dein wahres Selbst (ebenso wie dein Schutzengel und andere himmlische Helfer, die dir auf deinen wahren Kurs helfen wollen) wird dir immer wieder Steine in den Weg legen, wenn du versuchst, ein anderer zu sein, als du wirklich bist. Nicht um dir zu schaden, sondern um dir zu helfen, wahrhaftig und authentisch dein Bestes zu leben.

Wenn du im Einklang mit deinem »kosmischen Bauplan« lebst, spürst du bei jedem Schritt, ob du auf dem richtigen Weg bist. Ob die Menschen, die dich umgeben, gut für dich sind. Ob der Ort, an dem du lebst, dir Kraft schenkt oder du woanders besser aufgehoben wärst. Ob du im richtigen Job bist oder völlig an deiner Berufung vorbeilebst. Ob du einen Partner hast, der gut für die Entwicklung deiner Seele ist. Und sogar, welche Kleidung und welches Auto im Sinne deiner Seele wirklich zu dir passen.

Die Ausprägung der Archetypen

Deine persönlichen Archetypen beinhalten deinen grundlegenden Seins-Typ, Hinweise auf deine Berufung (grundsätzlich über alle Leben hinweg und für dieses Leben) und einen Teil der Lebenslernaufgaben, mit denen du diesmal in diese Welt gekommen bist.

Jeden Typ kannst du dir in der Ausprägung als mittig (ich nenne das erlöst) oder am einen oder anderen Ende einer Skala vorstellen. Der Archetyp Wagen beispielsweise (mein eigener Archetyp für dieses Leben) kann sowohl zu schnell unterwegs sein als auch zu langsam als auch genau im richtigen Tempo und im Sinne des Ganzen. Die erlöste mittige Form ist tiefenentspannt und genau auf Kurs. Seit ich um die Archetypen weiß und meine persönlichen kenne, gelingt mir diese Form immer öfter. Die anderen beiden Extreme tun der Seele nicht gut, beinhalten also persönliche Lebenslernaufgaben. Um beim Wagen zu bleiben, hier darf das eine Extrem lernen, auch mal den Fuß vom Gas zu nehmen, den Wagen rollen zu lassen und nicht zwangsaktiv immer wieder Neues zu beginnen (das gilt für mich) und das andere, endlich in die Puschen zu kommen und den Mut zu haben, Dinge nicht nur vorzuhaben, sondern auch anzugehen.

Bleiben Archetypen gleich oder ändern sie sich? Nach den vielen Erfahrungen mit dem Thema bin ich sicher, der Archetyp für die jeweilige Inkarnation kann von der Seele samt seiner Lernaufgaben jedes Mal neu gewählt werden. Die archetypische Seelenrolle, der Ur-Archetyp quasi, bleibt aber immer die gleiche. Nur das Seelenalter ändert sich im Verlaufe unserer Entwicklung und damit der Ausdruck des Typs.

1. Schritt:
Deine archetypische Seelenrolle über alle Leben hinweg erkennen

Von Anfang bis Ende der 1970er Jahre fand sich in den USA eine Gruppe Menschen zusammen, die Botschaften einer Wesenheit aus der geistigen Welt namens »Michael« »gechannelt« haben (Von Channeln spricht man, wenn ein Medium Botschaften aus der geistigen Welt empfängt und weitergibt). Aufgezeichnet wurden die Channelings von einer amerikanischen Schriftstellerin namens Chelsea Quinn Yarbro.

»Michael« bezeichnet sich selbst als eine »Entität (Seeleneinheit) aus der mittleren Kausalebene« (wer wissen möchte, was das genau bedeutet, dem empfehle ich, die Bücher von Quinn Yarbro zu lesen). In seinen Botschaften gab »Michael« unter anderem Informationen über sieben Seelenrollen an die Mitglieder der Gruppe weiter. Diese nannte er: Sklave, Handwerker, Krieger, Gelehrter, Weiser, Priester und König. Ähnliche Durchsagen hat Varda Hasselmann einige Jahre später in Trance erhalten und aufgezeichnet. »Die Quelle« nannte ihr ebenfalls sieben Seelenrollen, allerdings wird dort der Sklave Heiler genannt und der Handwerker Künstler.

Da die neuen Begriffe üblicher in unserem Wortschatz sind, habe ich diese beiden Bezeichnungen übernommen. Bei der Beschreibung der einzelnen Seelenrollen beziehe ich mich vor allem auf die Durchsagen von »Michael«, zum Teil aber auch auf die von »der Quelle«. Da beide viele übereinstimmende

Details beschreiben, gehen sie vermutlich sowieso auf die gleiche Ur-Information zurück.

Mit dem Konzept der Seelenrollen nach »Michael« arbeite ich schon sehr lange. Und es hat mir selbst und vielen meiner Kunden geholfen, mehr Klarheit über ihre Abstammung, ihr Leben und ihre Bestimmung zu erlangen. Nicht immer lässt sich der Typ rasch und eindeutig festlegen. Häufig bringt aber bereits die Ahnung, welcher Archetyp der eigene ist, schon ein Mehr an innerer Ruhe und Sicherheit. Die Selbstbeobachtung wird eine andere. Man achtet auf Zeichen, auf grundlegende Aspekte des Archetyps und nach und nach wird man sicherer, bis man am Ende Gewissheit über seine archetypische Seelenrolle findet.

Bei mir hat dieser Prozess gedauert. Und gleichzeitig hat sich jeder Tag der Unsicherheit auf dem Weg gelohnt, weil ich mich Stück für Stück immer besser erkannt und verstanden habe. Von klein auf hatte ich wie gesagt das Gefühl, anders zu sein als die meisten anderen Kinder und Erwachsenen, die mir begegneten. Ich fühlte mich als »etwas Besonderes«, ohne das genauer benennen zu können. Dieses Besondere fühlte sich für mich als Kind (und wie ich beschrieben habe, auch später noch als Erwachsene) allerdings alles andere als angenehm an. Im Gegenteil. Lieber wäre ich gewesen wie meine Mitschüler, meine Freunde.

Heute weiß ich, warum das so war. Meine essenzielle Seelenrolle ist der Weise. Davon gibt es schlichtweg nicht so viele, weshalb es lange gedauert hat, überhaupt Menschen zu begegnen, die im Ansatz ähnlich sind wie ich. Die mir bisher bekannten Mitglieder meiner Seelengruppe hier auf der Erde sind ebenfalls (ein paar wenige) Weise, zahlreiche Sklaven/Heiler und ein paar Handwerker/Künstler, Krieger und Könige.

Vieles von dem, was du hier gleich bei den archetypischen Seelenrollen liest, wird dir bekannt vorkommen. Natürlich gibt es Ähnlichkeiten zwischen den Typen. Und auch wenn die anderen Mitglieder deiner Seelenfamilie zum Teil einen anderen Archetyp haben, sind doch auch diese dir so vertraut, dass du sie für deine eigenen halten könntest.

Im Laufe der Inkarnationen nimmt die Seele sich außerdem jedes Mal Lernfelder der anderen Seelenrollen vor, um noch vollständiger zu werden. So kann ein Sklave/Heiler sich für dieses Leben vorgenommen haben, Aspekte des Kriegers zu lernen, was seiner Haltung etwas Kämpferisches verleiht. Oder ein König will lernen, sich noch mehr in den Dienst der Menschen zu stellen und übernimmt Lernaufgaben eines Priesters. Nimm dir darum ausreichend Zeit, die Beschreibungen auf dich wirken zu lassen. In Teil 3 findest du außerdem geleitete innere Reisen, die dich dabei unterstützen können, Klarheit über deine Seelenrolle und deinen Archetyp für dieses Leben zu finden. Auch ich habe wie gesagt eine Weile gebraucht, um mir sicher zu sein. Wenngleich mein erster Gedanke beim Kennenlernen der Seelenrollen dann doch der richtige war. Das kennst du bestimmt auch. Darum nimm einfach deinen ersten Gedanken als wahr an. Lies alles in größtmöglicher Offenheit und überprüfe es mit deinem Herzen, bevor du dann deinen kritischen Verstand wieder einschaltest, der natürlich auch seine Berechtigung hat. Solltest du deinen ersten Impuls später noch einmal korrigieren wollen oder müssen, ist das auch völlig okay. Ich hielt mich zu Beginn für einen Gelehrten, weil ich schon als Kind Tag und Nacht gelesen habe. Aber ich habe auch schon als Kind mit dem Schreiben angefangen, und der Selbstausdruck war für mich immer wichtiger als der Erwerb von noch mehr Wissen. Das ist typisch für den Weisen, der sein Wissen bereits mit in diese Welt gebracht hat. Gib dir also Zeit.

Die Seele ist übrigens weder männlich noch weiblich. Der Einfachheit halber verwende ich die bei der Bezeichnung der Archetypen durchgegebene männliche Form auch in der Beschreibung der möglichen Berufe. Sollte es für dich stimmiger sein, die weibliche Form zu benutzen, also die Weise, die Königin und so weiter, dann mach das bitte so.

Die sieben archetypischen Seelenrollen

Der Sklave/Heiler

- möchte, dass es anderen gut geht
- will »dienen«, helfen und unterstützen
- will anderen Gutes tun
- ist zufrieden, wenn er andere glücklich gemacht hat
- kümmert sich um Menschen, die Hilfe brauchen
- vergisst sich dabei häufig selbst
- nimmt sich selbst nicht allzu wichtig, stellt sich oft in den Hintergrund
- macht sich klein, fühlt sich wenig(er) wert
- hat häufig wenig Geld oder nur so viel, dass es gerade so reicht

Berufe, in denen Sklaven/Heiler häufig zu finden sind:
- Arzt, Heilpraktiker, Krankenpfleger, Altenpfleger, Erzieher, Therapeut, Kellner, Friseur, Apotheker, Gastgeber, alle Berufe, in denen persönliche Zuwendung geschätzt wird

Lernaufgaben:
- voller Liebe, Würde und Freude dienen, statt es als Bürde zu empfinden
- erkennen und anerkennen, wie wichtig die eigene Rolle für die Gesellschaft ist

- Grenzen setzen, statt sich selbst auszubeuten oder von anderen ausbeuten zu lassen
- mitfühlen statt mitleiden

Sklaven/Heiler bilden die größte Gruppe unter den Seelenrollen und sie werden auch am häufigsten gebraucht. Da sie in jeder Inkarnation die Möglichkeit haben, ihre Seelenrolle auszudrücken und sich weiterzuentwickeln, kommen sie besonders schnell in ihren Inkarnationen voran und dienen dann oft von der geistigen Welt aus anderen bei deren Entwicklung.

Der Handwerker/Künstler

- will etwas aus sich selbst heraus erschaffen und gestalten
- von klein auf Ausdruck von Kreativität durch Malen, Basteln, Bauen
- gibt sich mit Vorhandenem nicht zufrieden, will es immer noch besser machen
- betrachtet die Welt als sein Modell, aus dem heraus er Neues erschaffen kann
- will seine Originalität zum Ausdruck bringen
- wünscht sich Wertschätzung seiner Werke durch andere Menschen
- liebt Abwechslung, die ihn zu neuen Kreationen inspiriert
- zweifelt oft an sich selbst und der Güte seiner Arbeit

Berufe, in denen Handwerker/Künstler häufig zu finden sind:
- Handwerker, Maler, Schreiner, Bildhauer, Künstler, Designer, Architekt, Erfinder, Ingenieur, Informatiker, Web-Designer, Game-Designer

Die sieben archetypischen Seelenrollen

Lernaufgaben:
- zufrieden sein mit dem, was man geschaffen hat
- erkennen, dass gut gut genug ist
- geduldig die ganz eigene Ausdrucksform des Künstlers finden
- sich nicht übertrieben ausdrücken in Rebellentum oder Überstilisierung

Künstler sind die zweithäufigste Gruppe unter den Seelenrollen. Sie bilden zusammen mit den Heilern und den Kriegern sozusagen die Säulen der Gesellschaft. Ohne Künstler keine Entwicklung. Ohne sie gäbe es keine Staudämme, keine Brücken und vermutlich nicht einmal das Rad. Sie sind die Erbauer der Zukunft.

Der Krieger

- will Gebiete erobern (auch im übertragenen Sinne)
- will die Welt erforschen
- übernimmt instinktiv die Führung
- ist immer bereit zu handeln
- zeigt Entschlossenheit in seinem Auftreten
- lässt sich in den Dienst einer Sache stellen
- zieht für andere in den Kampf
- hohe Loyalität, hoher Ehrbegriff
- Einsatz bis zur Selbstaufgabe

Berufe, in denen man Krieger häufig findet:
- Soldat, Sportler, Rechtsanwalt, Stratege, Lobbyist, mittleres Management

Lernaufgaben:
- aufhören, *gegen* etwas zu kämpfen
- erkennen, wofür es sich wirklich zu kämpfen lohnt
- lernen, sich ab und zu selbst Ruhe zu gönnen
- sorgsam mit seiner Kraft und Macht umzugehen
- lernen, mit anderen zusammenzuarbeiten statt als einsamer Wolf

Krieger sind die dritthäufigste Gruppe unter den Seelenrollen. Sie brauchen immer einen »Herrn«, dem sie dienen können. Das kann ein Mensch, eine Gruppe oder eine (gute) Sache sein. Sie sind dann treu und unerschütterlich bis in den Tod.

Der Gelehrte

- will lernen und lehren
- möchte über das, was ihn interessiert, möglichst alles wissen
- strebt danach, als Autorität auf einem besonderen Gebiet zu gelten
- wirkt oft wie ein kühler Intellektueller
- ist mehr an Wissen als an Menschen interessiert
- möchte innerhalb eines ausgewählten Kreises angehört und geachtet werden
- vermittelt Traditionen und Kenntnisse aus alter Zeit
- wirkt als kulturstiftende, geistige Instanz
- hat einen Blick für Details

Berufe, in denen Gelehrte häufig zu finden sind:
- Unternehmensberater, Professor, Forscher, Philosoph, Archäologe, Astrologe. Auf jeden Fall ist er ein Experte auf seinem Gebiet.

Lernaufgaben:
- regelmäßige Phasen zum Nachsinnen und Verinnerlichen des erworbenen Wissens einplanen
- nicht nur Wissen von anderen übernehmen, sondern auch selbst erfahren und prüfen
- bei aller Gelehrsamkeit trotzdem offen für die Mitmenschen bleiben
- weder überordentlich noch völlig chaotisch sein, sondern die gesunde Mitte finden

Deutlich weniger oft findet sich die Seelenrolle des Gelehrten. Gelehrte sind ideale Telefonjoker für *Wer wird Millionär*, weil sie sich in ihrem Themenfeld wirklich perfekt auskennen. Ihnen macht niemand etwas vor. Allerdings ist es nicht ganz einfach, mit ihnen befreundet zu sein, weil sie nur wenige, auserwählte Menschen an ihrer Seite ertragen können.

Der Weise

- strahlt Vertrauen, Wissen, Weisheit und Verbindlichkeit aus
- berührt Menschen mit seinem tiefgründigen Blick
- will die Welt und sich selbst erfassen und begreifen
- hat die Fähigkeit, Themen von der Metaebene aus zu betrachten und die Essenz zu erkennen
- bringt die Dinge auf den Punkt
- erschafft aus den Einzelelementen des Lebens oder eines Themas ein stimmiges Ganzes
- kommuniziert das der Welt in Form von Gesprächen, Vorträgen, Texten
- will in seinem Wissen, seiner Weisheit und seinem Ausdruck gewürdigt werden

Berufe, in denen Weise häufig zu finden sind:
- Schriftsteller, Journalist, Verleger, Psychologe, Charakter-Schauspieler, Regisseur, Unterhaltungsbranche, Politiker, spiritueller Lehrer

Lernaufgaben:
- nicht reden um des Redens willen, sondern lernen zu kommunizieren, wann und wo es stimmig und hilfreich ist
- sich unabhängig machen von der Meinung und Anerkennung anderer
- mehr mit sich selbst und der geistigen Welt in Kommunikation treten

Noch seltener findet man den Weisen als Seelenrolle. Weise erschaffen durch ihre Synthesefähigkeiten Neues aus Altem und entwickeln ein Ganzes, das mehr ist als die Summe seiner Teile. Sie führen Themen und Menschen zusammen und stoßen damit wichtige Entwicklungen im Einzelnen und der Gesellschaft an.

Der Priester

- fühlt einen Ruf zum Dienst an der Menschheit
- dient einem höheren Ideal
- betrachtet andere als seine »Gemeinde«, um die er sich kümmern will
- will andere aufrichten, ihnen Rat erteilen
- spendet anderen Trost, nicht nur, aber auch im spirituellen Sinn
- hat einen ausgeprägten Sinn für Gottesbewusstsein und für die geistige Welt
- fühlt sich hingezogen zu Tempeln, Kultstätten und Orten mit magischer Ausstrahlung

Berufe, in denen Heiler häufig zu finden sind:
- Seelsorger, Reformer, Umweltaktivist, Oberhaupt einer Gemeinde, Sozialdienst, Psychiatrie, Esoterikbranche, Rückführungsleiter, Lebensberater, andere ruhige Beratertätigkeiten

Lernaufgaben:
- Toleranz entwickeln anderen Meinungen und Idealen gegenüber
- nicht missionieren
- nicht das Leid der Welt auf die eigenen Schultern nehmen und mitleiden
- lustvoll leben und genießen lernen
- sich gut erden

Priester haben stets etwas leicht Ätherisches an sich, so als wären sie nicht von dieser Welt. Es gibt nur wenige Menschen mit der Seelenrolle Priester. Priester sind immer für andere da, aber anders als der Diener/Heiler, der ganz praktische Hilfe gibt, will der Priester vor allem (spirituellen) Trost und Anleitung geben.

Der König

- wirkt eindrucksvoll, mit herrscherlicher Ausstrahlung
- strahlt große Würde aus
- zieht in einer Gruppe automatisch die Aufmerksamkeit auf sich
- ist meist beliebt und wird bewundert
- strebt nach und übernimmt Verantwortung und Führung
- will und kann auf andere einwirken
- hat hilfreiche Ratgeber an seiner Seite, auf deren Hinweise er gerne hört

- dominiert (zum Teil unbewusst) in beruflichen und privaten Partnerschaften

Berufe, in denen man Könige häufig findet:
- Politiker, Bürgermeister, Offizier, Topmanager, Kultfigur, Guru, Netzwerker, designiertes Oberhaupt von was auch immer

Lernaufgaben:
- auch ohne Anerkennung vom »Hofstaat« die eigene Würde wahren
- in Kommunikation mit dem Außen bleiben, auch wenn er in Frage gestellt wird
- auf Selbstherrlichkeit und Arroganz verzichten
- sorgsam mit seiner Macht umgehen

Könige erkennt man daran, dass man sie immer erkennt. Man kann sich ihrer Wirkung einfach nicht entziehen. Von allen Seelenrollen kommen die Könige am seltensten vor, was unter anderem daran liegt, dass nur wenige Seelen bereit sind, so viel Verantwortung über alle Inkarnationen hinweg zu tragen und so viel Aufmerksamkeit auf sich zu ziehen.

Nachdem du jetzt alle Seelenrollen gelesen hast, hast du vermutlich ein bis zwei Favoriten. Vielleicht bist du in Bezug auf deine Seelenrolle auch schon ganz sicher, weil dich eine der Beschreibungen besonders angesprochen hat. Wähle jetzt aus deiner Seelenrolle (wenn du schon ganz sicher bist) beziehungsweise aus den beiden Seelenrollen, bei denen du die meiste Resonanz spürst, drei Sätze, Begriffe oder Sinnzusammenhänge aus, die dich am meisten positiv ansprechen. Oder finde für dich stimmige Überschriften für deine Seelenrolle, die das, was du empfindest, am besten ausdrücken. Schreib sie dir auf.

Für mich als Weiser sind das diese drei:
1. Menschen an das erinnern, was sie wirklich sind,
2. Wissen weitergeben,
3. In Kontakt mit der geistigen Welt sein.

Falls du jetzt denkst, »na toll, sie ist natürlich ein Weiser, ich bin nur ein Sklave/Heiler oder ein Handwerker/Künstler«, kann ich dich beruhigen. Ein Weiser zu sein ist weder besser noch schlechter und auf jeden Fall nicht leichter als eine der anderen Rollen. Und weder habe ich schon all meine Lernaufgaben für dieses Leben gelernt noch fällt mir alles leicht. Im Gegenteil. In der Einleitung habe ich ja beschrieben, wie schwer es für mich war, mit meiner Medialität an die Öffentlichkeit zu gehen. Auch weil ich (wie ich inzwischen weiß) in zahlreichen früheren Leben für dieses Coming-out mit Folter und Tod bestraft worden bin. Ich kann dir versichern, dass es angenehmere Arten gibt, durch die Inkarnationen zu gehen. Aber jeder von uns ist, was er ist und hat seine ganz persönlichen Aufgaben. Für dieses und alle anderen Leben.

2. Schritt: Den Archetyp für dieses Leben berechnen

Die archetypische Seelenrolle gibt unsere Essenz während der gesamten Existenz der Seele an. Der Archetyp für dieses Leben zeigt uns das Seelenmuster für unser aktuelles Leben. Es gibt mehrere Wege, den Archetyp für dieses Leben zu bestimmen. Ein bekannter Weg ist die Astrologie, die anhand von Geburtsdatum, Uhrzeit und Ort der Geburt Tierkreiszeichen, Aszendent, Deszendent, Stellung der Planeten, auf- und absteigender Mondknoten und vieles mehr miteinander kombiniert und daraus eine Art Matrix der Themen für dieses Leben erstellt. So kompliziert, wie es klingt, ist es auch. Ich habe eine astrologische Ausbildung und hatte trotzdem meine Schwierigkeiten dabei. Darum habe ich mich für einen anderen Weg entschieden, um das Seelenmuster für dieses Leben für mich und andere Menschen zugänglich zu machen.

Der Archetyp für dieses Leben ist eine Kombination aus der mythologischen Heldenreise, der Numerologie auf Basis des Geburtsdatums und den Archetypen des Tarots.

Die mythologische Heldenreise

Seit frühesten Zeiten wird eine Geschichte in allen Sprachen und von allen Völkern der Welt von Generation zu Generation weitergegeben. Es ist die Geschichte eines »Helden«, der aufbricht, um ein großes Werk zu vollbringen. Vor allem in Märchen findet sich so eine Heldenreise, doch auch in *Die unendliche Geschichte*, *Der Herr der Ringe*, *Star Wars* oder *Harry Potter* geht es darum.

All diese Geschichten haben das gleiche Grundmuster. Immer gibt es einen Auslöser, einen kranken König, eine Prinzessin, die einen Gemahl sucht, einen Drachen oder jemanden wie Lord Voldemort, der die Welt bedroht. So macht sich ein Held auf den Weg, einen Schatz zu heben, den Bösen zu besiegen, seine Herkunft zu ergründen, die Welt zu retten oder dem König den ersehnten Heiltrank zu bringen. Dabei ist es oft der Kleinste, Unscheinbarste, der am Ende den Drachen tötet und die Prinzessin bekommt. Auf seinem Weg begegnet der Held gruseligen Monstern und gerät in eine Klemme, aus der er sich dank hilfreicher Wesen oder Zauberutensilien wieder befreien kann. Im Reich der Finsternis, der Unterwelt oder dem dunklen Wald muss er dann einen Widersacher überwinden oder das besondere Gut bergen und wieder mit ans Licht bringen. Dadurch führt sein Weg ihn in die Heimat, wo durch ihn nach der Dunkelheit wieder das Licht kommt und er die anfangs verlorene Einheit oder heile Welt wiederherstellt.

Laut C. G. Jung liegt dieser Geschichte eine archetypische Struktur zugrunde. Ein Urbild vom Lebensweg der Menschen auf dieser Erde. Darum sind Geschichten wie *Der Herr der Ringe* oder *Harry Potter* auch so erfolgreich. Sie berühren in jedem von uns unser tiefstes inneres Wissen um den Lauf der Welt. Jung fand auch heraus (oder besser gesagt, entdeckte es wieder), dass die Stationen der Heldenreise sich in der großen Arkana (den ersten 22 Karten) des Tarots wiederfinden. Das rückt die Tarotkarten aus der esoterischen Ecke in eine tiefenpsychologische und ermöglicht es, auch auf einer soliden, psychologisch fundierten Basis damit zu arbeiten, wie ich es seit mehr als dreißig Jahren tue.

Numerologie

Mitte der 1980er Jahre hat meine Mutter das erste Buch aus dem Amerikanischen ins Deutsche übersetzt, das zum Thema Numerologie auf dem deutschen Markt erschienen ist. Schon sehr früh und viele Jahre lang habe ich mich dadurch auch mit Numerologie intensiv auseinandergesetzt. In der Numerologie wird von so ziemlich allem die Quersumme gebildet. Geburtsdatum, Buchstabenquersummen von Vor- und Nachnamen, Straße und Wohnort und vieles mehr. Dazu gibt es unüberschaubar viele Systeme, die den Quersummen unterschiedliche Bedeutungen zumessen.

Theoretisch müsste man bei einem System bleiben und die anderen ausblenden, das habe ich aber als zu eng verworfen. Die Quersumme des Geburtsdatums hat allerdings eine besondere Bedeutung. Sie gibt den Kern unseres Wesens an. Hier bin ich am Ball geblieben und fand Jahre später eine Entsprechung dafür im Tarot.

Tarot

Auch mit dem Tarot beschäftige ich mich schon seit meiner Kindheit. Verschiedene Tarot- und Zigeunerkarten lagen früher bei uns zu Hause auf dem Tisch, und da die Bilder aufgrund der archetypischen Themen aus sich heraus wirken, hatte ich hier nie Berührungsängste. Mit achtzehn machte ich dann die erste von mehreren Ausbildungen im Tarotkarten-Lesen. Damals begegnete mir auch schon das Konzept der persönlichen Bestimmung in den Archetypen des Tarots auf Basis des Geburtsdatums.

Seit über dreißig Jahren arbeite ich inzwischen intensiv mit dem Tarot. Zuerst nur für mich selbst, dann immer mehr auch für Freunde und Bekannte. Während meines Psychologiestudiums bildete ich schließlich selbst im Tarotkarten-Lesen aus. Im Prinzip bin ich durch das Tarot auch zur Psychologie und letztendlich zum Coaching gekommen, weil ich immer auf der Suche nach noch besseren, klareren und einfacheren Möglichkeiten war, Menschen auf dem Weg zu sich selbst zu unterstützen. Beim Kartenlesen beschreibe ich den Menschen die Bedeutung der Karten an der jeweiligen Position und lasse sie selbst erzählen, was das für sie in ihrem Leben heißt. Im Coaching nutze ich das heute noch auf Wunsch des Kunden. Auch in meiner Ganzheitlichen-Coaching-Ausbildung haben die Tarotkarten mit den Archetypen einen festen Platz, um den zukünftigen Coaches Zugang zu sich selbst und ihren Lernaufgaben zu geben.

Durch deinen Archetyp im Tarot kannst auch du einen tieferen Zugang zu den wesentlichen Potenzialen und Lernthemen erhalten, die deine Seele sich für dieses Leben vorgenommen hat. Es geht um den roten Faden oder manchmal auch die roten Fäden, die sich wie Leitmotive durch dein Leben ziehen. Grundthemen, die dir im Guten wie im Herausfordernden immer wieder begegnen und die du dir bisher womöglich nicht erklären konntest.

Die Archetypen können dir helfen, dein Leben auf einer tieferen Ebene zu verstehen. Sie zeigen dabei deine Anlagen für dieses Leben. Ob du sie nutzt und dich deinen Lernaufgaben stellst, hast du durch den freien Willen, mit dem du beziehungsweise deine Seele ausgestattet ist, natürlich selbst in der Hand. Niemand wird gezwungen, sich zu entwickeln. Auch wenn das Leben und manchmal auch unser Schutzengel uns immer wieder mit Kieseln, kleinen Steinen oder großen Felsbrocken darauf hinweist, wo es für uns langgehen soll und wo nicht.

Die Archetypen im Tarot

Dein Archetyp im Tarot wird auf Basis deines Geburtsdatums berechnet. Wichtig ist dabei, dass du unbedingt Ziffer für Ziffer einzeln addierst und am Ende die Quersumme nimmst. Ich zeige dir hier gleich ein paar Beispiele.

Jeder Mensch hat ein, zwei oder in seltenen Fällen auch drei Archetypen im Tarot, die ein Leben lang gültig sind. Sie zeigen übergeordnete Themen des Lebenswegs an. Ebenso geben sie Hinweise zu unserer Berufung und unseren Lebenslernaufgaben.

Die Archetypen im Tarot beginnen mit der 0, dem Narren und gehen bis zur 21, der Welt. Es sind also 22 Typen beziehungsweise Karten, um die es hier geht.

 ### Wie du die Archetypen berechnest

Beispiel 1

Mein Geburtsdatum ist der 22.07.1967. Die einzelnen Ziffern werden addiert.

2+2+0+7+1+9+6+7 = 34 = 4+3 = 7

Da die erste Quersumme aller Ziffern größer als 22 ist (nämlich 34), wird eine weitere Quersumme gebildet (aus 3+4), die den Archetyp 7 = »der Wagen« ergibt.

Die Archetypen im Tarot

Beispiel 2

Ein weiteres Beispiel-Geburtsdatum ist der 02.01.1980. Auch hier werden die einzelnen Ziffern bis zur ersten Quersumme addiert und im nächsten Schritt noch einmal addiert.

02.01.1980 = 0+2+1+1+9+7+0 = 20 = 2+0 = 2

Da diese erste Quersumme kleiner als 22, aber größer als eine einstellige Quersumme ist, zeigt sich hier zuerst der Archetyp 20 = »das Gericht« und in der weiteren Quersumme die 2 = »die Hohepriesterin«.

Beispiel 3

Noch ein Beispiel-Geburtsdatum ist der 01.05.1960. Die Ziffern werden wieder bis zur Quersumme addiert.

1+5+1+9+6+0 = 22 = »der Narr«, der sowohl der Zahl 0 als auch der 22 als Anfang und Ende des Tarots entspricht und 2+2 = 4 »der Herrscher«.

In seltenen Fällen gibt es auch als erstes Ergebnis die Quersumme 19 = »die Sonne«, aus der dann 1+9 = 10 = »das Schicksalsrad« und 1+0 = 1 = »der Magier« wird. In dem Fall, wie auch bei der Rechnung darüber, gibt es drei Archetypen, die alle Strukturen und Lernaufgaben für dieses Leben bereithalten.
Es ist weder besser noch schlechter, zwei oder drei Archetypen statt nur einen zu haben. Es ist anders. Seelen mit mehreren Archetypen arbeiten sich meiner Erfahrung nach von oben nach unten durch. Also zum Beispiel über die 19 zur 10 zur 1 oder über die 11 zur 2, die 12 zur 3 und so weiter.

Wenn du deinen eigenen Archetyp beziehungsweise deine Archetypen berechnet hast, rechne sicherheitshalber noch einmal nach. Ich habe schon häufig erlebt, dass Menschen frustriert das Gefühl hatten, das alles würde überhaupt nicht zu ihnen passen, um dann am Ende festzustellen, dass sie sich schlichtweg verrechnet hatten.

Und noch ein Hinweis zu zwei der Archetypen und ihrer Berechnung. Die 8 = »die Kraft« und die 11 = »die Gerechtigkeit« sind in der Literatur manchmal umgekehrt dargestellt. Ursprünglich war die 8 die Gerechtigkeit und die 11 die Kraft, doch in einem der heute bekanntesten und am meisten genutzten Tarot-Decks, dem Rider-Waite-Tarot, ist es andersherum. Da ich die meisten meiner Erfahrungen mit eben diesem Deck gemacht habe, konnte ich immer wieder feststellen, dass die neue Nummerierung und der dazugehörige Archetyp für fast alle Menschen stimmig ist. Falls deine Quersumme aber eine 8 oder eine 11 ist, prüfe bitte einfach für dich, welcher Text dich in der Beschreibung unten besser trifft beziehungsweise mehr anspricht und wähle dann diesen als deinen Typ aus. Alle anderen Archetypen lassen sich eindeutig berechnen und haben nach meiner Erfahrung grundsätzliche Gültigkeit.

Du kannst den Archetyp übrigens natürlich auch für andere berechnen, um ihre Lebensthemen besser zu verstehen. Für deine Kinder oder deinen Partner. Sei dir aber bewusst, dass du damit sehr viel und ganz Persönliches über sie erfährst. Deine Kinder sind dir anvertraut, hier hast du als Elternteil die Freiheit, ihren Typ zu berechnen, um sie noch besser durch ihre Kindheit und ihr Heranwachsen führen zu können. Für deinen Partner und deine erwachsenen Kinder gilt das allerdings nicht mehr. Sei dir darum über deine Absicht im Klaren und frage dich oder besser noch sie direkt, ob es ihnen recht ist, wenn du die Berechnungen vornimmst und ihren Typ erfährst. Falls du nicht sicher bist, lass es lieber sein. Mit jedem Übergriff (denn nichts anderes wäre das dann, vor allem, wenn wir das neue Wissen den anderen auch noch überstülpen oder sie damit »zwangsbeglücken«) sammeln wir neues Karma an, das dann ja nach und nach auch wieder abgearbeitet werden will.

Die Bedeutung der Archetypen im Tarot

0/22: Der Narr

Allgemein:
In diesem Leben geht es darum, unkonventionelle Wege zu gehen. Mit Offenheit und Leichtigkeit dem Ruf des Herzens zu folgen. Der Weg des Narren ist voll von Überraschungen und Spontaneität. Der Narr ist im Hier und Jetzt und macht sich weder um die Vergangenheit noch um die Zukunft Sorgen. Auf die Intuition und den Schutzengel können Narren sich verlassen. Und wenn doch mal etwas schiefgeht, ist das halb so wild. Das nächste Abenteuer wartet ja schon an der nächsten Ecke. Die Freiheit ist dem Narren wichtig. Er geht unbekümmert und voller Neugier seinen Weg und vertraut mehr auf die innere Ordnung des Universums, als sich um die äußere Ordnung in seinem Zuhause oder auf seinem Schreibtisch zu kümmern.

Beruf und Berufung:
Der Auftrag des Narren ist, immer wieder verkrustete Strukturen aufzubrechen und frischen Wind in alte Gewohnheiten zu bringen. So kann er als Unternehmensberater Konzerne durcheinanderwirbeln oder als Startup-Unternehmer mit leichter Hand etwas bei Null beginnen. Außerdem ist jeder Beruf für ihn geeignet, der es ihm ermöglicht, etwas Unbekanntes einfach auszuprobieren.

Lernaufgaben, Risiken und Herausforderungen:
Der Narr soll vom kindlich-naiven Denken zu der tiefen inneren Gewissheit finden, dass das Leben in Wahrheit einfach ist. Es geht darum, vom Leben voller Unverbindlichkeit dahin zu kommen, Verantwortung fürs eigene Leben zu übernehmen. Das Leben leicht und ernst zugleich zu nehmen. Der Narr soll das eigene Leben fernab aller Konventionen, Regeln und Normen selbst gestalten und die Bereitschaft entwickeln, Risiken einzugehen und Abgründen ins Auge zu schauen.

1: Der Magier

Allgemein:
Der Magier beinhaltet das Potenzial zur Genialität. Es gibt nichts, was der Magier nicht erreichen kann. Ihm stehen alle Elemente der Schöpfung zur Verfügung. Er muss sie nur nutzen und sich seiner Schöpferkraft bewusst werden. Der Magier ist voller Willens- und Gestaltungskraft. Probleme gibt es für ihn nicht, nur Lösungen.

Beruf und Berufung:
Schöpfer und Gestalter von Neuem. Konzernlenker. Den Blick für das Große und Ganze haben. Topmanager. Der Magier ist überall dort richtig, wo er wichtige Impulse geben und neue Akzente setzen kann. Im Idealfall im eigenen Unternehmen. Genug Geschick und Talent hat er jedenfalls dafür.

Lernaufgaben, Risiken und Herausforderungen:
Der Magier muss sich vor Selbstüberschätzung und Manipulation hüten. Er soll nicht stecken bleiben in Wünschen, die nicht umgesetzt werden. Es geht darum, die Initiative zu ergreifen, die Dinge anzugehen und sich ins Rampenlicht zu trauen.

2: Die Hohepriesterin

Allgemein:
Die Hohepriesterin verkörpert die helle und die dunkle Seite der Macht. Sie ist voller Hingabe und Bereitschaft, sich vom Leben führen zu lassen. Achtsamkeit und das Vertrauen in die innere Stimme sind ihr wichtig. Sie ist empfangende Offenheit und seelenruhige Wachheit. Ihr entgeht nichts. Sie wirkt faszinierend, rätselhaft und geheimnisvoll auf andere. Sie ist ein Sinnbild für Spiritualität und Mystik, Medialität und Güte. Hellsichtigkeit und Empathie im Einklang mit den kosmischen Gesetzen.

Beruf und Berufung:
Der Auftrag der Hohepriesterin ist, die weibliche Spiritualität zum Ausdruck zu bringen. Das gilt für Frauen und Männer gleichermaßen. Es geht um innere Bilder, Träume, Phantasie, Medialität. Nähe und Geborgenheit schenken, Milde und Nachsicht walten lassen. Heiler, Therapeut, Künstler, Visionär, Vermittler können Berufsbilder für die Hohepriesterin sein. Auf alle Fälle geht es um Aufgaben, in denen starke intuitive Fähigkeiten gebraucht werden.

Lernaufgaben, Risiken und Herausforderungen:
Die Hohepriesterin darf lernen, ihre innere Stimme klar wahrzunehmen. Sich nicht von äußeren Einflüssen verwirren und davon ablenken oder gar abbringen zu lassen. Sie soll sich von ihrer Intuition leiten lassen, statt phlegmatisch abzuwarten und Wunschträumen nachzuhängen. Es geht darum, spirituelle Weltflucht durch mangelnde Erdung oder mangelnden Tiefgang zu vermeiden. Die Welt der Hohepriesterin will in Hingabe und Mitgefühl zutiefst verinnerlicht werden.

3: Die Herrscherin

Allgemein:
Zentrale Themen sind das Geben und Empfangen von Liebe. Nährende Fürsorge und schöpferische Fülle. Die Herrscherin verkörpert das weibliche Prinzip in der Natur. Lebendigkeit, Fruchtbarkeit und die Geburt des Neuen. Die Herrscherin liebt und achtet alles Lebendige. Sie drückt warme Sinnlichkeit aus.

Beruf und Berufung:
Jede Form von Kreativität als Künstler, Musiker, Schriftsteller. Alle Berufe, die das Kümmern und Umsorgen in sich tragen, wie Heilpraktiker, Erzieher oder Lernpädagoge. Tätigkeiten in der Werbebranche, der Medienbranche. Als Techniker, Ingenieur oder Designer. Jeder Tätigkeitsbereich, der Veränderung, Neuerung und Wachstum beinhaltet.

Lernaufgaben, Risiken und Herausforderungen:
Die Herrscherin soll Frieden machen mit der eigenen Mutter. Ebenso mit der eigenen Mutterschaft in diesem Leben, im körperlichen wie im ideellen Sinne des Hervorbringens. Für sie geht es darum, die eigenen Talente und Kreativität wirklich zu entfalten. Vermeiden muss sie Materialismus und Wachstum ohne Ziel. Geld oder Dinge anzuhäufen der Sache wegen. Sie darf lernen, auch schöpferische Pausen zu machen und das Leben zu genießen.

4: Der Herrscher

Allgemein:
Der Herrscher steht für männliche Kraft, Autorität und Struktur. Er gibt Sicherheit und legt klare Rahmenbedingungen fest.

Er hat Ziele vor Augen und arbeitet geduldig und beharrlich auf deren Verwirklichung hin. Geradlinigkeit, Zuverlässigkeit und der Sinn für das Machbare verschaffen dem Herrscher Anerkennung und Wertschätzung.

Beruf und Berufung:
Der Herrscher besitzt Führungsqualitäten und ist bereit, Verantwortung zu übernehmen, weswegen er oft das Oberhaupt eines Familienbetriebs ist. Herrscher wollen und sollen eigene Unternehmen gründen. Sich selbstständig machen. Etwas Bleibendes erschaffen und gestalten. Auch geht es darum, den Schwachen und Rechtlosen beizustehen, was auch als Anwalt oder Menschenrechtler geschehen kann.

Lernaufgaben, Risiken und Herausforderungen:
Der Herrscher soll Frieden machen mit dem eigenen Vater. Ebenso mit dem Thema des Vaterwerdens oder -seins oder dem Väterlichsein in diesem Leben. Er darf nicht der Herrschsucht oder Starrsucht verfallen. Es geht darum, offen zu bleiben für andere Meinungen und anderen Mitbestimmung einzuräumen. Er soll nicht zu trocken, streng oder hart werden, anderen und sich selbst gegenüber, sondern seine Struktur finden und schätzen lernen.

5: Der Hohepriester

Allgemein:
In diesem Leben geht es um die Entwicklung von Bewusstsein für eine höhere geistige Führung. Um eine Auseinandersetzung mit den Themen Glauben, Religiosität und Spiritualität. Der Hohepriester ist angetreten, um seinen eigenen Weg zum Glauben zu finden. Dabei geht es oft um ein Überwin-

den übernommener Vorstellungen von den Eltern, der Kirche oder anderen Glaubensgemeinschaften. Die Einsicht finden, dass das Leben einen tieferen Sinn hat und dieser erschlossen werden kann. Und diese Einsicht am Ende auch lehren und weitergeben.

Beruf und Berufung:
Grundsätzlich geht es für den Hohepriester darum, eine sinnvolle und moralisch wertvolle Aufgabe zu finden. Die eigenen moralischen und ethischen Werte selbst zu leben und sie auch als Lehre weiterzugeben. Es geht darum, anderen in schwierigen Zeiten Trost und Hoffnung zu spenden. Als spiritueller Lehrer, Seelsorger. Anderen zu helfen, den Sinn des Lebens zu finden. Als Ganzheitlicher Coach und Lebensberater. Natürlich auch als Priester, Gemeindevorsteher oder Lehrer.

Lernaufgaben, Risiken und Herausforderungen:
Der Hohepriester soll die ewige Suche nach dem Sinn des Lebens nach und nach loslassen und »Gottvertrauen« entwickeln. Sich nicht von äußeren, falschen Gurus abhängig machen, sondern Verantwortung für die eigene Spiritualität übernehmen. Er soll nicht arrogant oder dogmatisch werden, sondern offen bleiben auch für andere Glaubensmodelle.

6: *Die Liebenden*

Allgemein:
Im Mittelpunkt des Lebens der Liebenden steht die Begegnung mit anderen Menschen. Es geht um körperliche, geistige und seelische Verbundenheit. Es geht um tiefe Verbindlichkeit. Sich auf Menschen und Aufgaben einzulassen und mit ganzem Herzen dabei zu sein. Die Liebenden haben den Mut, kla-

re Entscheidungen zu treffen und zu ihnen zu stehen. Sie sind voller Herzenswärme, lieben tief und handeln beherzt.

Beruf und Berufung:
Die Liebenden haben die Aufgabe, anderen zur Seite zu stehen. Neben der Partnerschaft gilt das auch für den beruflichen Bereich, so dass sie im Idealfall gute Geschäftspartner sind, auf die man sich verlassen kann. Die Liebenden gründen selten selbst ein Unternehmen, eher wirken sie als Unterstützer im Hintergrund. Sie sind unparteiisch als Friedensstifter, weshalb sie sowohl als Mediatoren als auch als Vermittler in Stiftungen für Menschen, Umwelt und Natur gut aufgehoben sind. Oder als liebevoller Berater und Begleiter für Menschen in schwierigen Lebensumständen.

Lernaufgaben, Risiken und Herausforderungen:
Für die Liebenden geht es darum, Entscheidungen nicht hinauszuzögern, bis jemand anderes oder das Leben sie einem abnimmt. Die Liebenden sollen aufhören, es allen recht zu machen und stattdessen auch in engen Verbindungen frei bleiben und den eigenen Weg nicht aus dem Blick verlieren. Sich nicht selbst aufgeben für die Partnerschaft oder für die Liebe. Sich gleichzeitig ganz auf einen anderen Menschen oder auch ein Thema einlassen und klar und vorbehaltlos Ja dazu sagen. Es geht um Verbindlichkeit statt Halbherzigkeit.

7: Der Wagen

Allgemein:
Der Wagen kann und soll immer wieder Altes hinter sich lassen und Neuland betreten. Ihm fällt es leicht, sich in neue Bereiche einzuarbeiten, einen neuen Beruf zu erlernen und

immer wieder ganz von vorne zu beginnen. Wagen gehen mutig und authentisch den eigenen Weg. Zwar lassen sie sich von anderen inspirieren, entscheiden sich aber immer für das Hinterlassen neuer Spuren. Wagen haben den festen Glauben und das tiefe innere Wissen, dass es immer irgendwie weitergeht. Dadurch sorgen sie für lebendigen Fortschritt überall, wo sie sind und stecken auch andere damit an.

Beruf und Berufung:
Immer wieder Neues zu entdecken und zu erreichen macht Wagen zu den Pionieren unter den Archetypen. Sie erschaffen Tätigkeiten und neue Berufe abseits der ausgetretenen Pfade und motivieren andere, ebenfalls deren Grenzen zu überwinden und Neues zu wagen. Als Coach, Führungskraft, Sportler, Initiator großer Projekte oder als Vorbild, das mit seiner körperlichen und/oder geistigen Kraft etwas in Bewegung bringt. Egal, was es ist, der Wagen liebt es zu arbeiten.

Lernaufgaben, Risiken und Herausforderungen:
Statt immer wieder neue Wohnorte, neue Partner, neue Jobs auszuprobieren, ist es für Wagen wichtig, den eigenen stimmigen Weg für all das zu finden und ihn dann mutig zu gehen. Nicht zu schnell und nicht zu langsam unterwegs zu sein auf der eigenen Lebensspur, sondern den idealen Rhythmus und das perfekte Timing für sich zu finden. Die eigene Kraft nicht zu überschätzen, sondern sich selbst auch Pausen zu gönnen. Oder, im umgekehrten Fall, die Zögerlichkeit endlich aufzugeben und sich auf den Weg zu machen, statt ewig darüber nachzudenken, was alles schiefgehen könnte.

Die Bedeutung der Archetypen im Tarot

8: Die Kraft

Erinnerung: Hier bitte daran denken, was ich weiter oben über die Umnummerierung der Typen geschrieben habe und gegebenenfalls die Kraft und die Gerechtigkeit austauschen.

Allgemein:
Außerordentliche Stärke durch tiefe innere Harmonie ist hier möglich, wenn es gelingt, mit sanfter Hand den inneren Löwen zu bändigen. Die Kraft lebt meist ein abenteuerliches Leben voller Leidenschaft oder sollte das zumindest tun. Sie bewegt sich aber oft auch zwischen zu wild und zu sanft pendelnd hin und her. Ab und zu die Krallen zu zeigen, ist erlaubt und Teil vom Wesen der Kraft. Aber ohne anderen dabei zu schaden oder unter der Gürtellinie zu landen.

Beruf und Berufung:
Für die Kraft geht es darum, sich etwas zu trauen im Leben, ohne über das Ziel hinauszuschießen. Idealisten, Reformer, Lebenskünstler. Egal was die Kraft tut, Hauptsache sie tut es mit Lust, Begeisterung und Energie.

Lernaufgaben, Risiken und Herausforderungen:
Für die Kraft geht es darum, den inneren Schweinehund liebevoll zu überwinden. Weder zu wild und leidenschaftlich noch zu zurückgenommen und sanft soll das Leben sein. Je besser die inneren Triebe liebevoll gebändigt werden, desto mehr Kraft steht zur Verfügung. Die Kraft läuft allerdings häufig Gefahr, zu vernünftig und zu angepasst zu leben, weil sie Angst vor sich selbst und ihren wilden inneren Trieben hat. Das führt dazu, dass die Leidenschaft sich am Ende gegen sie selbst richtet, was dann im wahrsten Sinne des Wortes Leiden schafft.

9: Der Eremit

Allgemein:
Der Eremit steht für Leben, in denen es darum geht, das Alleinsein zu lernen und in der inneren und äußeren Stille sich selbst und seinem tiefsten Wesenskern zu begegnen. Es geht darum, den eigenen Weg zu finden, abseits dessen, was die Eltern oder die Gesellschaft von einem erwarten. Sich wirklich frei zu machen von den Wünschen anderer und ganz man selbst zu sein. Es ist das, was C. G. Jung als Individuation beschrieben hat. Etwas, das jeder Mensch spätestens in der Mitte des Lebens für sich lernen soll. Als Eremit geht es im ganzen Leben darum, das Eigene zu finden und sich selbst im tiefsten Wesen wirklich treu zu sein.

Beruf und Berufung:
Das innere Licht zu finden, das den eigenen Weg erhellt und anderen hilft, ihren Weg zu gehen. Wenn der Eremit seinen eigenen Weg gefunden hat, ist es seine Aufgabe, für andere Berater, Seelsorger, Lehrer, Lebensberater und Coach zu sein. Humorvoll, leise und weise. Er darf und soll dabei nichts tun, was seinem eigenen inneren Wesen widerstrebt.

Lernaufgaben, Risiken und Herausforderungen:
Für den Eremit geht es darum, das Alleinsein, genauer, das Mit-sich-selbst-Sein zu lernen. Und sich mit dem eigenen Schatten, der sich dort befindet, auseinanderzusetzen. Wer sich vor dieser existenziellen Erfahrung drücken will und krampfhaft Anschluss an andere sucht, wer außen statt innen oder fremdbestimmt lebt, wird seine Aufgabe für dieses Leben nicht erfüllen.

10: Das Rad des Schicksals

Allgemein:
Das Rad des Schicksals zeigt sich für jeden von uns immer wieder. Mal dreht es aufwärts und bringt uns gute Zeiten, mal dreht es abwärts und konfrontiert uns mit Ängsten, Verlust oder Dunkelheit. Das Rad des Schicksals begegnet den Irrungen und Wirrungen des Lebens mit Hingabe. Es akzeptiert, was ist, ohne es sofort ändern zu wollen. Es schwingt im natürlichen Lauf des Lebens und macht das Beste aus jedem Augenblick, ohne zu zaudern.

Beruf und Berufung:
Für das Rad des Schicksals geht es darum, sein Schicksal und die eigene Lebensaufgabe anzunehmen und zu gestalten. Zu begreifen, dass jeder nur mit so vielen Herausforderungen konfrontiert wird im Leben, wie er auch in der Lage ist zu bewältigen. Hierbei geht es weniger um die Berufung, sondern mehr um den Umgang mit dem Leben ganz allgemein. Dennoch haben oft Menschen diesen Archetyp, die etwas in Bewegung bringen, Einfluss und Macht haben, und damit das Leben von vielen steuern können.

Lernaufgaben, Risiken und Herausforderungen:
Es geht darum, die Opferhaltung aufzugeben und zu begreifen, dass das Leben alles ist: Licht und Schatten, Glück und Unglück, Opfersein und Täterschaft. Nur wer das für sich zutiefst verinnerlicht, kann das Leben ganz nehmen. In all seiner Fülle. Mit Freude und Akzeptanz all dessen, was ist.

Wird dies erfolgreich gemeistert, führt das zur Energie des Magiers (1+0 = 1), in der absolut alles möglich ist.

11: Die Gerechtigkeit

Allgemein:
Die Gerechtigkeit steht für die innere Mitte. Dafür, die Wahrheit zu finden und ihr gemäß zu handeln. Es geht um Unbestechlichkeit, Ausgewogenheit, Fairness und Wahrhaftigkeit. Häufig sind das Leben, bei denen viele karmische Bindungen abgetragen werden können, wenn es gelingt zu vergeben. Sich selbst und den anderen. Was umso leichter fällt, je mehr man sich klarmacht, dass wir alle immer wieder Opfer und Täter sind. Niemand ist nur Opfer. Die Gerechtigkeit beinhaltet im besten Fall ein ideales Maß an Vernunft, das klar anzeigt, wann eine Sache oder ein Kampf für eine Sache sich lohnt und wann nicht. Die Gerechtigkeit vermag klugen Rat zu geben, besonnen zu handeln und Verantwortung zu übernehmen.

Beruf und Berufung:
Die Gerechtigkeit ist der Weg der Wissenschaftler und nüchterner Berater. Politiker, Beamte, Handwerker und Verwalter im organisatorischen oder sozialen Bereich, die für reibungslose Abläufe sorgen. Natürlich ist auch ein Beruf im Kontext der Rechtsprechung denkbar und passend. Wobei dies nur der erste Schritt auf dem Weg sein kann. Die Lösung ist dann der Weg zur (1+1 = 2) Hohepriesterin, die sich über das irdische Recht erhoben hat und die kosmischen Zusammenhänge des Karma überblickt.

Lernaufgaben, Risiken und Herausforderungen:
Wenn die Gerechtigkeit versucht, es allen recht zu machen, tut sie allen unrecht. Vor allem sich selbst. Genauso falsch ist das Beharren auf dem eigenen Recht und Selbstgerechtigkeit. Die Gerechtigkeit wird häufig schon in früher Kindheit mit Ungerechtigkeit konfrontiert, um dies zu erkennen.

12: Der Gehängte

Allgemein:
Der Gehängte ist der Weg zu tiefer Selbsterkenntnis und einer neuen Sicht der Welt. Der Gehängte lässt sich bedingungslos aufs Leben ein und davon führen und verzweifelt nicht, wenn etwas länger dauert oder anders kommt, als er es gerne hätte. Er betrachtet sein Ego mit gesunder Distanz und vertraut dem Sinn von allem, was ihm begegnet und geschieht. Und er ist auch bereit, Opfer zu bringen, wenn es dem Ganzen dient. Allerdings ohne sich selbst dabei zum Opfer zu machen oder sich so zu fühlen.

Beruf und Berufung:
Da der Gehängte häufig in Krisen gerät, die er zu überwinden hat, kann er auch anderen in diesen Situationen helfen. Dies tut er als engagierter Idealist oder hingebungsvoller Mensch, der anderen durch persönliche Opfer oder soziales Engagement Unterstützung und Hilfe auf ihrem Weg bietet.

Lernaufgaben, Risiken und Herausforderungen:
Auch beim Gehängten geht es um Hingabe ans Leben und darum zu verstehen, dass Pausen, in denen äußerlich nichts, aber innerlich alles geschieht, notwendig sind. Statt dagegen anzukämpfen, was nur Erschöpfung und Verzweiflung mit sich bringen würde, geht es darum anzuerkennen, dass Innehalten zu neuen Erkenntnissen führen kann. Das Aufgeben von fixen Ideen und zu rigiden Vorstellungen ist eine fortwährende Herausforderung für den Gehängten. Und auch, sich nicht hängen zu lassen und gar nicht mehr weiterzugehen. Seine Aufgabe ist es, an Hindernissen zu wachsen. Was dann zur fruchtbaren Kraft der Herrscherin führt (1+2 = 3).

13: Der Tod

Allgemein:
Der Tod hat die Aufgabe, Altes und Überholtes immer wieder loszulassen und sich dadurch für das Neue zu öffnen. Seien es Menschen, Dinge oder Überzeugungen. Es geht um fortwährende Transformation auf jeder Ebene. Er ist sich der Zyklen von Werden und Vergehen jederzeit bewusst und bereit, sich den Herausforderungen des Loslassens immer wieder neu zu stellen. Das führt zu dem Bewusstsein, dass nur das Hier und Jetzt real ist und alles andere ausschließlich in unseren Gedanken existiert. Der Tod löst sich vom Leben, das er geplant hat und öffnet sich für das Leben, das auf ihn wartet und wahrhaftig seines ist.

Beruf und Berufung:
Naturschutz, Nachhaltigkeitsthemen, erneuerbare Energien, alle Berufsbilder, bei denen man sich im Klaren darüber ist, dass unsere Ressourcen endlich sind und es mehr als sinnvoll ist, liebevoll und achtsam mit Mutter Natur umzugehen. Aber auch als Seelsorger, der anderen beisteht, oder als Philosoph, der sich mit existenziellen Fragen beschäftigt, kann der Tod aufgrund seines inneren Wesens hilfreich wirken.

Lernaufgaben, Risiken und Herausforderungen:
Nur wer loslässt, hat die Hände frei. Für den Tod ist das ein Grundthema im Leben. Das sollte aber nicht dazu führen, alles für sinn- und wertlos zu halten. Oder, als anderes Extrem, das Leben jeden Tag bis zur Neige auszukosten, weil es ja am nächsten Tag bereits vorbei sein könnte. Der Tod darf lernen, die Dinge zu genießen, solange sie währen und erkennen, wann es Zeit ist, sie gehen zu lassen und sich dem nächsten zu öffnen. Dann

wird er zum Herrscher (1+3 = 4), der klaren Strukturen folgt und in jedem Augenblick selbstverantwortlich lebt.

14: Die Mäßigkeit

Allgemein:
Die Mäßigkeit verkörpert das rechte Maß. Die Verbindung zwischen Körper, Geist und Seele. Es geht um Heilung, Ausgeglichenheit und die richtige Mischung auf allen Ebenen des Seins. Die Mäßigkeit fühlt eine tiefe innere Gewissheit, auf dem richtigen Weg zu sein. Weder spirituell abgehoben noch ganz und gar irdisch zu sein, ist die Lösung, sondern die Mitte zwischen diesen beiden Extremen zu leben.

Beruf und Berufung:
In der Mäßigkeit finden wir Helfer und Heiler, Vermittler und Friedensstifter. Menschen, die anderen beistehen in der Not und sie auf dem Weg zu mehr Wohlbefinden auf seelischer, geistiger und körperlicher Ebene unterstützen. Das kann auf handwerklichem, künstlerischem oder therapeutischem Wege geschehen. Immer geht es dabei um die tiefe eigene Mitte. Im Idealfall wird so aus der Mäßigkeit (1+4 =5) der Hohepriester.

Lernaufgaben, Risiken und Herausforderungen:
Die Mäßigkeit hat die Aufgabe, die innere Verbindung zwischen Himmel und Erde herzustellen. Zwischen dem Greifbaren, »Realen« und dem Ominösen, Mystischen. Die Gefahr ist, dass sie sich weigert, sich einzulassen und festzulegen. Sich wie ein Fähnchen in den Wind hängt, egal, woher er weht. Oder auch rigide an der Mitte festhält. Dabei geht es darum, sich voll aufs Leben einzulassen, ohne sich zu verstricken und immer wieder die gesunde Mitte zu finden.

15: Der Teufel

Allgemein:
Der Teufel hat etwas Unwiderstehliches, Faszinierendes in seinem Wesen. Er ist kraftvoll, kreativ, leidenschaftlich und intensiv. Doch er beinhaltet auch all die Schattenseiten, die das hat. Der Teufel ist unbequem und legt den Finger auf die Wunde, wo andere wegsehen. Er polarisiert, fordert heraus. Der Teufel weist aber nicht nur auf Abgründe in anderen hin, er blickt auch auf seine eigenen Abgründe, wodurch sie ihre Dunkelheit und ihre Macht verlieren.

Beruf und Berufung:
Der Weg des Teufels ist der des Grenzgängers, des Gefahrensuchers auf allen Ebenen. Sei es als Extremsportler, Psychiater, Reporter in Krisenregionen, Geheimdienstagent, Politiker oder als Mensch mit der Macht, über Leben und Tod zu entscheiden. Den Teufel findet man überall dort, wo es um Kontrolle, Macht, Geheimes, Ausgegrenztes und um Tabus geht.

Lernaufgaben, Risiken und Herausforderungen:
Abhängigkeit, Willenlosigkeit, das Scheitern guter Vorsätze, das Ausleben des Schattens in jeder Form. Der Teufel hat unzählige Gesichter, weswegen es eine große Herausforderung darstellen kann, dem eigenen Schatten ins Gesicht zu blicken und ihn ins Licht zu führen. Sich vor dem Dunkeln zu fürchten und jede Versuchung zu meiden, ist keine Lösung. Genauso wenig wie die Sucht nach Macht, Geld und Erfolg um jeden Preis. Sich konsequent und mutig mit der eigenen Dunkelheit auseinanderzusetzen ist der Weg zum Ziel. Wer es schafft, nicht der dunklen Seite des Teufels zu verfallen, ist letztendlich zu echter Herzenspartnerschaft in der Lage (1+5 = 6).

16: Der Turm

Allgemein:
Der Turm ist gefordert, Mauern einzureißen, Grenzen zu sprengen und Überholtes aufzubrechen. Statt sich in trügerischer Sicherheit wie einem Job als Beamter oder einer unguten Beziehung einzumauern und festzusetzen, geht es für ihn darum, sich zu befreien und Enge und Begrenzungen hinter sich zu lassen. Regeln und alte Gewohnheiten wollen regelmäßig überprüft und wenn nötig verworfen werden. Der Turm ist voller Sprengkraft, mit dem starken Willen zur Erneuerung.

Beruf und Berufung:
Der Turm ist überall dort gefragt, wo Altes aufgebrochen und hin zu mehr Freiheit verändert werden soll. Er ist Freigeist, Reformer, Kämpfer für das Neue und die Freiheit. Hier finden sich Revolutionäre. Querdenker und Erfinder. Menschen, die sich nicht im Vertrauten einrichten, sondern Neues erreichen wollen.

Lernaufgaben, Risiken und Herausforderungen:
Der Turm hält an Altem fest, vor lauter Angst, das Neue könnte sich als schlechter erweisen. Er klammert sich ängstlich daran, statt bereitwillig loszulassen. Auch wartet er lieber ab, bis die Kündigung kommt oder der Partner sich trennt, statt selbst den Schritt zu wagen. Oder auch das Gegenteil davon. Er kann ein Unruheherd sein, der es kaum erwarten kann, das eben Geschaffene sofort wieder einzureißen. Seine gesunde Bereitschaft, immer wieder Neuland zu betreten, führt dann zum Wagen (1+6 = 7).

17: Der Stern

Allgemein:
Der Stern bedeutet für die Seele, die diesen Archetyp hat, dass ihr Leben unter einem guten Stern steht. Der Stern symbolisiert Hoffnung, Optimismus und Weisheit. Das Gefühl und die innere Gewissheit, dass am Ende alles gut wird und es sonst noch nicht das Ende ist. Der Stern ist das Symbol für unsere himmlische Heimat und häufig die Gabe, auf der Erde als Kanal für das Göttliche zu wirken. Der Stern versteht den größeren Zusammenhang, in dem unser Leben hier auf der Erde steht und verströmt dadurch Klarheit und Zuversicht. Darum setzt er sich auch für eine bessere Zukunft ein.

Beruf und Berufung:
Der Stern hat die Aufgabe, immer wieder die Vision von einer besseren Welt und einer erstrebenswerten Zukunft zu erschaffen, sie mit anderen zu teilen und gangbare Wege dafür zu entwickeln. In der persönlichen Unterstützung kann das als Psychologe, Astrologe oder persönlicher Berater geschehen. Im gesellschaftlichen Kontext als Erfinder, Künstler und Weltverbesserer, der sich auch mit anderen zusammentut, um neue Technologien zu entwickeln oder sich in humanitären Projekten zu engagieren.

Lernaufgaben, Risiken und Herausforderungen:
Vor lauter Zuversicht die »Realität« aus dem Blick zu verlieren und sich die Zukunft schönzureden, ist die große Gefahr für den Stern, der dann die Bodenhaftung verliert. Dabei geht es darum, im Hier und Jetzt zuzupacken und nach den Sternen zu greifen. Nicht den Kopf in den Sand zu stecken, sondern den Blick nach oben zu wenden und dann ganz irdisch

zu handeln. Wenn er das schafft, hat der Stern seine goldene Mitte gefunden und lebt die Kraft (1+7 = 8).

18: Der Mond

Allgemein:
Der Mond weiß um die dunklen Abgründe der Seele, die tief in jedem von uns lauern. Um die ungeheilten und ungelösten Aspekte der eigenen Vergangenheit. Und er stellt sich ihnen, um sie zu heilen und ans Licht zu bringen. Es ist der Weg vom Ego zum Höheren Selbst. Dieser Weg führt durch die eigenen Tiefen und verlangt immer wieder Mut und Entschlossenheit. Der Preis dafür ist der eigene Seelenfrieden. Das Gefühl, im Keller aufgeräumt zu haben und sich vor nichts und niemandem mehr fürchten zu müssen. Der Mond ist an seinen Ängsten gereift und gewachsen.

Beruf und Berufung:
Da der Mond seine eigene Innenwelt und Ängste besser kennt als jeder andere Archetyp, kann er andere sehr gut auf diesem Weg unterstützen. Als Geschichtenerzähler, Dichter oder Künstler, indem er innere Welten sichtbar und begreifbar werden lässt. Auch überall dort, wo es um Furchtlosigkeit und große seelische Kraft geht, als Therapeut und Krisenhelfer oder auch als Sozialarbeiter an den Brennpunkten unserer Gesellschaft.

Lernaufgaben, Risiken und Herausforderungen:
Die Gefahr für den Mond ist, sich in Therapie, Innenschau und Selbsterfahrung zu verlieren und in eine Scheinwelt zu flüchten, die mehr Sicherheit verspricht als die Welt da draußen. Oder sich vor den eigenen inneren Dämonen besiegen zu las-

sen, statt sich ihnen immer wieder mutig zu stellen. Gelingt ihm aber der Gang durch die eigene Dunkelheit und Unterwelt, geht aus ihm der Eremit hervor (1+8 = 9), der seine große Kraft in sich selbst gefunden hat.

19: Die Sonne

Allgemein:
Die Sonne ist pure Lebenskraft, Kreativität und Selbstverwirklichung. Sie überwindet und heilt die Dunkelheit in sich und entfaltet ihre wahre Natur. Sie lebt ihr wahres Wesen und erfreut sich an sich selbst. Sie ist voller Großherzigkeit, Humor, Lebenslust und Wärme, die auch auf alle anderen in ihrer Umgebung abstrahlen. Durch ihre positive Art und ihre Kreativität zaubert sie auch in schwierigen Situationen einfache und geniale Lösungen aus dem Hut. Die tiefe Dankbarkeit, die die Sonne dabei fühlt und ausstrahlt, wirkt auf andere, die so ebenfalls ihr Licht erkennen und sich selbst verwirklichen können.

Beruf und Berufung:
Als Vorbild für andere wirken, ihr eigenes Licht zu erkennen und zu leben. Lichtarbeiter im Dienste des Universums sein. Die eigene Schöpferkraft und Kreativität nutzen, um anderen, die nicht auf der Sonnenseite des Lebens stehen, zu helfen. Als Führungskraft in Politik und Gesellschaft die natürliche Autorität nutzen, um Gutes zu bewirken. Als Schauspieler, Comedian oder Showtalent andere begeistern und unterhalten. In jedem Fall Licht ins Dunkel bringen.

Lernaufgaben, Risiken und Herausforderungen:
Bei so viel Licht und Lebensfreude besteht immer das Risiko, sich selbst zu überhöhen, zu überschätzen und auf andere

herabzublicken. Statt das innere Licht zu leben, wird man zum Blender. Statt für andere zu leuchten, dreht man sich nur um sich selbst. Oder bleibt in kindlich-naiver Glückserwartung stecken und lernt nicht, dem Leben wahrhaftig zu begegnen. Sich dem Leben zu stellen und das Beste daraus zu machen, führt dann über das Rad des Schicksals (1+9 = 10) zum Potenzial des Magier (1+0 = 1).

20: Das Gericht

Allgemein:
Das Gericht wird auch die Auferstehung oder das Jüngste Gericht genannt. Es steht für den Augenblick, wo wir die Welt verlassen und uns selbst fragen, was gut war in unserem Leben und wie unser Tun sich mit dem höheren himmlischen Plan vereinbaren lässt. Das Gericht zeigt die Lösung von Verstrickungen, die Heilung der Vergangenheit, das Ins-Licht-Führen der eigenen dunklen Anteile. In einem solchen Leben geht es um Selbstwerdung im umfassenden Sinne. Es geht um das innere Erwachen, dem die äußere Verwandlung folgt.

Beruf und Berufung:
Die eigene Heilung und Ganzwerdung ist immer auch ein Dienst an der Welt, denn alles, was zu unserer eigenen Weiterentwicklung beiträgt, macht automatisch auch die Welt zu einem besseren Ort. Helfer und Retter in der Not befinden sich auf diesem Weg. Menschen, die anderen beistehen und sie unterstützen, passende Lösungen für sich zu finden. In dem tiefen Vertrauen, dass wir alle nur solche Aufgaben gestellt bekommen, die wir auch wirklich bewältigen können. Wem das gelingt, der findet vom Gericht zur tiefen inneren Weisheit der Hohepriesterin (2+0 = 2).

Lernaufgaben, Risiken und Herausforderungen:
Am Ende des Weges stellt sich die Frage, welche inneren Dämonen man auf seinem Lebensweg besiegt und erlöst hat. Sein Heil findet allerdings nicht, wer Luftschlössern und Heilsversprechen von anderen aufsitzt. Auch nicht, wer anderen Scheinlösungen verkauft, die ihnen nicht wirklich weiterhelfen, weil sie nicht aus dem tiefsten Inneren, sondern eher aus Machtfantasien stammen.

21: Die Welt

Allgemein:
Die Welt führt der Weg in ihrem Leben über viele unterschiedliche Stationen, immer auf der Suche nach dem wahren Zuhause, der inneren und zu Beginn oft auch der äußeren Heimat. Auf Reisen, in Partnerschaften, in Traumjobs sucht die Welt nach ihrem wahren Platz. Dabei geht es auf der Reise durchs Leben in Wahrheit immer um die Heimat im Inneren. Es ist die Reise zu sich selbst. Die Welt weiß, dass wir alle Teil eines großen Ganzen sind und jeder Schritt, jede Herausforderung ausschließlich dazu dient, uns selbst in tieferer Weisheit und größerer Leichtigkeit zu begegnen. Sie ist im Einklang mit der Kraft und dem Willen des Ganzen. Aus der tiefen Einsicht des himmlischen Plans entsteht dann das wirkliche Ankommen in dieser Welt. Das Genießen der irdischen Freuden und des sinnlichen Lebens der Herrscherin (2+1 = 3).

Beruf und Berufung:
Es geht darum, die Welt ein bisschen besser zurückzulassen, als man sie vorgefunden hat. Seinen persönlichen Beitrag zu leisten, auch wenn man weiß, dass es nur ein Tropfen auf den heißen Stein ist. Die Welt weiß, dass Glück und Zufrieden-

heit nicht aus äußerem Wohlbefinden erwachsen, sondern vor allem aus der Haltung dem Leben gegenüber entstehen. Diese Einsicht teilt sie als Therapeut, Heiler oder Weltverbesserer mit anderen.

Lernaufgaben, Risiken und Herausforderungen:
Immer weiter im Außen auf der Suche nach der idealen Welt zu sein, statt zu erkennen, dass diese ausschließlich im Inneren zu finden ist. Das macht die Welt ruhe- und ziellos. Auch anderen als Besserwisser, der sich längst am Ziel wähnt, ungefragt aufzuzeigen, wie sie ihr Leben verbessern können, ohne bei sich selbst zu beginnen.

 Überschriften für deinen Archetyp wählen

So, jetzt bist du gefragt.
- Wie hast du dich in deinem Typ wiedererkannt?
- Welche Aha-Erlebnisse hast du gehabt?
- Wie hast du deinen Archetyp bisher gelebt? Zu viel oder zu wenig davon oder schon ganz in deiner Mitte?

Häufig würden wir lieber »etwas anderes« sein oder haben als das, was wir uns als Seelenthema mitgebracht haben. Wir denken, andere Aufgaben wären leichter. Besonders oft habe ich das als Rückmeldung von den Eremiten gehört, deren Angst vorm Alleinsein häufig das enorme Potenzial, das das Alleinsein für sie beinhalten kann, überwiegt. Genau wie bei der archetypischen Seelenrolle kann ich dir versichern, dass es hier kein Besser oder Schlechter gibt. Jeder von uns hat seine eigenen Lernaufgaben auf seiner ganz eigenen Reise.
Wähle jetzt aus deinem Archetyp, wieder ohne zu lange darüber nachzudenken, die drei Sätze, Begriffe oder Sinnzusammenhänge

aus, die dich am meisten positiv ansprechen. Oder finde eigene stimmige Überschriften für deinen Archetyp.

Für mich als Wagen lauten sie:
- Neues in die Welt bringen,
- immer wieder neu beginnen,
- in Ruhe arbeiten.

3. Schritt:
Den Genius formulieren

In meinem ersten Buch habe ich ausführlich beschrieben, wie jeder Mensch seine Berufung, das heißt, den idealen Job und die bestmöglichen Rahmenbedingungen dafür finden kann. Wenn du das für dich noch nicht gefunden hast, empfehle ich dir, den Workshop im Buch *Finde den Job, der dich glücklich macht* durchzuführen, um nicht nur abstrakt, sondern auch ganz geerdet mit dem für dich richtigen und stimmigen Beruf deinen Lebensunterhalt verdienen zu können.

Der Genius, um den es hier geht, hat auch mit deiner Berufung zu tun, geht aber noch darüber hinaus. Die Idee des Genius ist schon sehr alt. Im Römischen Reich bezeichneten die Menschen damit ursprünglich den Schutzgeist, der jedem zur Geburt an die Seite gestellt wird und mit ihm stirbt. Später erweiterte sich der Begriff auf den Schöpfergeist, den jeder in sich trägt. Damit war eine natürliche, einzigartige Begabung gemeint. Ich selbst bezeichne mit dem Genius das in dir, was du der Welt als einmaliges und ganz besonderes Geschenk machen kannst. Beim Genius geht es darum, *was* du tust und *wie* du etwas tust, auf deine ganz besondere, individuelle Art. Der Genius ist das, was du in der Welt zum Ausdruck bringst beziehungsweise bringen sollst und was du ihr schenkst.

In vielen Fällen ist der Genius in seiner Reinform *eine große Überschrift*, die aus maximal einem Subjekt und einem Verb oder einem Verb und einem Adjektiv besteht. Da dieser eine Satz für viele schwierig zu finden ist, machen wir uns hier auf die Suche nach drei für deinen Genius passenden Überschriften. Das ist einfacher, und es lässt sich besser damit arbeiten.

Um deinen Genius zu finden, ist es notwendig, zumindest vorübergehend daran zu glauben, dass du einen hast. Er ist der Kern dessen, was du in diesem Leben bist, deine allerinnerste Grundfähigkeit. Eine dir angeborene, natürliche Kraft. Er kommt mit dir und deiner Seele in dieses Leben und verlässt es wieder mit dir. Inkarnierst du beziehungsweise ein neuer Seelenanteil aus deiner Gesamtseele wieder, bringst du einen neuen Genius mit.

Die drei Überschriften des Genius

Um dir zu helfen, deinen Genius zu finden und damit du dir besser vorstellen kannst, was damit gemeint ist, stelle ich dir hier zuerst meine drei Überschriften vor.

Die große Überschrift meines Genius ist: *Seele(n) entwickeln*. Das beinhaltet die Entwicklung meiner eigenen Seele; die Entwicklung der Seelen anderer Menschen, die ich unterstütze; die Entwicklung des Seelenbewusstseins dieser Welt; die Entwicklung meines Zugangs zu meiner eigenen Seele und zur geistigen Welt, aber auch die Entwicklung der Seele im Sinne des Kerns einer Sache, einer Idee oder einer Tätigkeit.

Die drei darunterliegenden Überschriften meines Genius heißen:

1. *Komplexes einfach machen*
2. *Meiner Zeit voraus sein*
3. *Das Beste daraus machen*

Es hat lange gedauert, bis mir meine drei Überschriften so klar waren. Ich habe sie immer wieder gedreht und gewendet und geforscht, ob es nicht doch noch passendere gibt. Das hat natürlich mit dem dritten Teil meines Genius zu tun, etwas immer weiter zu optimieren. Heute bin ich sicher, dass sie die richtigen für mich sind. Ich spüre es als tiefe innere Gewissheit. Auch wenn ich nicht völlig ausschließe, sie doch eines Tages noch einmal zu verändern.

Für deinen Seelen-Navigator ist es zu Beginn absolut ausreichend, mit vorläufigen Arbeitstiteln weiterzumachen. Du kannst das später immer noch einmal verändern, wenn du doch noch passendere Überschriften für dich gefunden hast.

Wie ich zu meinen drei Überschriften gekommen bin

1. Komplexes einfach machen
Dieser Satz beinhaltet zwei Dinge: etwas Komplexes so darstellen, dass es ganz einfach und verständlich wird. Und etwas Komplexes, eigentlich Kompliziertes einfach umsetzen. Es einfach tun.

Komplexes *einfach* machen

In meiner Coaching-Ausbildung bedanken sich die Teilnehmer sehr häufig bei mir, weil sie bestimmte Themen, mit denen sie sich zum Teil schon lange beschäftigen, endlich verstanden haben. Ob es um die Grundideen von C. G. Jung geht, um das Ganzheitliche Coaching oder auch ihre persönliche Entwicklung. Ich habe mir damit nicht nur Freunde gemacht. Vor allem im Kreis mancher Ausbilderkollegen, die viel Geld verdienen, indem sie behaupten, dass Coaching hochkompliziert sei und man mindestens 300 Stunden Ausbildung brauche, um überhaupt ein erstes Coaching durchführen zu können. Einige finden es geradezu ketzerisch von mir zu sagen, dass Coachen ganz natürlich und absolut einfach ist, wenn man einmal verstanden hat, wie es geht und dabei in die passende innere Haltung findet. Und dass auch das Verstehen, wie es geht, durch einfache Erklärungen schnell und fundiert gelingen kann, statt hunderte von Stunden darauf zu verwenden.

Komplexes einfach *machen*

Ich habe viele Teilnehmer, die vor ihrer Ausbildung bei mir bereits Ausbildungen als NLP-Master, Therapeuten oder Lebensberater gemacht haben, sich aber nicht getraut haben, das Gelernte auch umzusetzen. Bei mir tun sie es. Vom ersten Tag an. Und profitieren davon, weil sie im Tun merken, dass es viel leichter ist, als sie dachten. Das gilt im Übrigen auch für mich selbst. Ich lerne etwas kennen, probiere es aus und mache es. Weil ich es für mich auf die einfachstmögliche Form herunterbreche und sofort damit beginne. In den meisten Fällen bearbeite ich dann meine eigenen Themen mit mir selbst, bis ich so viel Erfahrung gesammelt habe, dass ich es verantworten kann, das Gelernte auch für andere Menschen zu nutzen.

2. Meiner Zeit voraus sein
Das war der einfachste Teil beim Finden meines Genius. Mit sieben wusste ich, die Welt ist eine Illusion und begann Bücher über den Sinn des Lebens zu lesen. Mit zehn fing ich an, Tagebuch zu schreiben, um mein Leben zu strukturieren, zu begreifen und mein Inneres zu sortieren. Mit zwölf Jahren, als andere mit dem ersten Freund beschäftigt waren, war mir klar, dass ich später Meditationsgruppen am Meer leiten

würde (was ich heute tue). Mit 17 nahm ich an meiner ersten medialen Ausbildung teil (das war zu einer Zeit, als kaum ein Mensch in Deutschland wusste, was Medialität überhaupt ist), und schließlich machte ich mich als erste Berufungsfinderin Deutschlands und erster Ganzheitlicher Coach selbstständig und gründete die erste und einzige Ganzheitliche Coaching Akademie, als Coaching hier noch völlig unbekannt war. Auch im täglichen Leben zeigte sich mein Genius mit zuverlässiger Regelmäßigkeit. Seit ich denken kann, habe ich Dinge, die irgendwann »in« sein würden, im Voraus geahnt. Im Zuge meiner Beschäftigung mit Spiritualität und unter anderem dem Buddhismus suchte ich vor vielen Jahren einen schönen Buddha für eine Meditationsecke. Das Problem war, es gab weder in einem Laden noch im gesamten Internet Buddhafiguren zu kaufen. Nach mehr als einem Jahr fand ich einen wunderschönen silbernen Buddha auf Ebay, verkauft von einem Mann, der ihn vor langer Zeit aus Asien mitgebracht hatte. Da mein Ehrgeiz geweckt war, sollte es nicht bei diesem einen Buddha bleiben, und ich verbrachte viele Stunden auf der Suche nach noch schöneren, außergewöhnlichen Objekten. Dabei ging mir der Gedanke durch den Kopf, einen Vertrieb für Buddhafiguren zu eröffnen und dafür besonders schöne Statuen aus Asien zu importieren. Nur zwei Jahre später fanden sich Buddhafiguren in allen Variationen in jedem Dekoladen. Ähnliches ist mir rings um das Thema »Deko« und auch im Bereich Mode schon unzählige Male so passiert. Wenn es Teil meiner Berufung wäre, hätte ich wohl inzwischen viel Geld damit verdienen können, Trends vorauszuahnen und dem Markt à la pointe anzubieten. Stattdessen habe ich mich entschieden, das nicht im materiellen, sondern im geistig-kognitiven Bereich zu tun und immer wieder neue Konzepte zu entwickeln, die die Menschen, mit denen ich arbeite, unterstützen und voranbringen.

3. Das Beste daraus machen
Egal, ob ich mit Menschen spreche, einen Raum betrete oder einer Idee begegne, immer ist mein erster Gedanke, wie sich das, was da ist, noch verbessern und optimieren lässt. Im Gespräch – ob mit Kunden oder privat – höre ich sehr schnell heraus, was nicht gut läuft und was in der Tiefe dahintersteckt und gebe – auf Wunsch – Hinweise, wie meine Gesprächspartner das für sich verbessern und sich das Leben erleichtern können. In meinem Zuhause bin ich ständig dabei, die Einrichtung weiterzuentwickeln und mit Dekoelementen zu verschönern, immer in Richtung von mehr Klarheit und Stimmigkeit. Wenn mir Menschen von ihren Ideen berichten oder ich etwas lese, geht mir sofort durch den Kopf, wie diese Idee noch passender und leichter umzusetzen wäre.

Ich kann das nicht verhindern und will es auch gar nicht. Es ist immer präsent und ein ganz wichtiger Teil von mir.

Diese drei Fähigkeiten sind die wesentlichen Aspekte meines Genius in diesem Leben. Ich muss nicht darüber nachdenken. Ich tue sie. Immer erfolgreich. Sie sind einfach da. Sie sind ein Teil von mir.

Dein eigener Genius

Meinen Genius zu finden war ein langer Weg. Der sich mit den richtigen Methoden natürlich abkürzen lässt. Darum habe ich (passend zu meinem Genius) ein strukturiertes Vorgehen entwickelt, indem ich das Finden größtmöglich vereinfacht und optimiert habe.

Um deinen Genius zu erkennen, findest du hier als Erstes sieben Fragen. Dann die Einladung, drei kurze Geschichten von besonderen Momenten aus deinem Leben aufzuschreiben. Und schließlich kannst du aus mehreren Wortlisten all jene Begriffe auswählen, die dich am allermeisten positiv ansprechen.

 Den Genius durch Fragen finden

Bitte antworte auf die folgenden Fragen immer möglichst ausführlich und ohne groß darüber nachzudenken. Schreib pro Frage möglichst viele, idealerweise aber mindestens fünf Tätigkeiten auf.

1. Frage: Was tust du am liebsten, wenn du nach der Arbeit nach Hause kommst?

Zum Beispiel:
Die Dienstklamotten ausziehen und es mir gemütlich machen
In der Küche Ordnung schaffen und die Reste vom Vorabend beseitigen
Den Fernseher anmachen und die neuesten Nachrichten schauen
In meinen Kochrezepten stöbern und etwas Leckeres für den Abend zaubern
An meinem Projekt/Modellbausatz/Puzzle weitertüfteln

2. Frage: Was machst du am liebsten am Wochenende?

Zum Beispiel:
Die Seele baumeln lassen
Einen Ausflug irgendwohin machen, wo ich noch nie war
Im Garten werkeln
Ein Buch lesen
Einen Spieleabend mit Freunden veranstalten

3. Frage: Was macht dir in deinem Job (aktuell oder in früheren Jobs, falls der jetzige nicht so toll ist) am meisten Spaß?

Zum Beispiel:
Neue Projekte entwickeln und dem Chef/Team schmackhaft machen
Die nächste Weihnachtsfeier vorbereiten
Mit meinen Kollegen gemütlich Kaffeepause machen
Memos für die neuen Mitarbeiter schreiben, um sie einzuweisen
Ordnung auf meinem Schreibtisch/in der Ablage machen

4. Frage: Was tust du als Erstes, wenn du einen Raum betrittst?

Zum Beispiel:
Schauen, ob jemand da ist
Mir vorstellen, es wäre mein Raum und wie ich ihn anders einrichten würde
Feststellen, ob er aufgeräumt oder unordentlich ist
Die Raumenergie spüren und wahrnehmen, ob die Energie friedlich oder angespannt ist
Den Blick schweifen und den Raum auf mich wirken lassen

5. Frage: Womit machst du deinen Freunden immer mal wieder eine Freude, auch wenn es für dich womöglich völlig selbstverständlich ist?

Zum Beispiel:
Tolle Partys schmeißen
Einen Kuchen für sie backen
Ihnen helfen, den Kleiderschrank auszumisten
Mit ihnen in Urlaub fahren
Ihnen Blumen/kleine Geschenke mitbringen

Dein eigener Genius

6. Frage: Womit machst du dir selbst immer mal wieder eine Freude?

Zum Beispiel:
In die Sauna gehen
In Wohnzeitschriften blättern und mir vorstellen, wie ich mein Zuhause verschönern kann
Mir eine Massage gönnen, auch mal was Exotisches wie eine Tempelmassage
Ausführlich shoppen gehen
Lecker essen gehen

7. Frage: Welche Ideen zu Tätigkeiten oder Projekten tauchen immer wieder mal in dir auf?

Zum Beispiel:
Ein Hospiz eröffnen
Eine Weltreise machen
Einen Tierschutzverein gründen
Ein eigenes Café haben
Ein Buch schreiben

Jetzt schau dir deine Antworten noch einmal in Ruhe an.
Welche Gemeinsamkeiten findest du?
Gibt es Begriffe, die sich wortwörtlich oder so ähnlich wiederholen?
Welche gemeinsamen Nenner haben deine Antworten?
Schreib deine Gedanken dazu auf.

Den Genius durch Geschichten aus deinem Leben finden

Jetzt erinnere dich an drei Situationen in deinem Leben, bei denen du das Gefühl hattest, genau das Richtige zu tun und ganz und gar mit dir und der Welt einverstanden zu sein. Du hast dich wirklich gut gefühlt, es ging dir leicht von der Hand, und du warst erfolgreich in deinem Tun. Womöglich hast du damit auch etwas (Gutes) für andere getan. Das können Ereignisse aus deinem Job sein, aus deiner Kindheit, aus deinem Privatleben, deinen Hobbys; es kann einmal oder auch mehrmals stattgefunden haben, ganz egal. Hauptsache, die Momente waren rundum stimmig für dich.

Zu jeder der drei Situationen schreibst du jetzt eine kurze Geschichte mit einfachen Worten in fünf bis maximal zehn Sätzen. Zum Beispiel so:

Ich erinnere mich an die Abschlussrunde in der ersten Coaching-Ausbildung, die ich gegeben habe. Ich hatte viele Monate Entwicklungszeit hineingesteckt und wusste natürlich nicht, ob mein Konzept aufgehen würde. All mein Herzblut und mein Wissen waren in die Ausbildung hineingeflossen. Ich hatte mich gefragt, ob es gut genug sein würde, ob die Teilnehmer wirklich etwas für sich würden mitnehmen können. Die Schlussrunde hat mich in allem bestätigt. Die Erwartungen seien weit übertroffen worden, lautete eine Rückmeldung. Zwölf Pioniere und ein Engel, eine andere. Danach war ich zutiefst dankbar und absolut sicher: Ich war genau am richtigen Platz und hatte etwas Gutes und Hilfreiches erschaffen.

Wenn du deine drei Geschichten aufgeschrieben hast, lies sie noch einmal durch und markiere dann darin alle Adjektive, Verben

Dein eigener Genius

und Substantive, die dich besonders positiv berühren. Ganz egal, wie viele.

In der Geschichte oben waren das bei mir: *Entwicklungszeit, Konzept, Wissen, gut, übertroffen, Pioniere, Engel, dankbar und sicher.*

Am Ende hast du also aus allen drei Geschichten die Worte markiert, die dich am meisten positiv angesprochen haben. Notiere sie zuletzt noch einmal alle auf einen Blick.

 Den Genius mit Hilfe von Begriffen finden

Der nächste Schritt zu deinem Genius kommt jetzt. Du findest hier gleich mehrere Spalten mit Begriffen. Möglicherweise sind ein paar von deinen eben notierten bereits dabei. Geh die Listen der Reihe nach durch und markiere alle Worte, bei denen du eine angenehme Resonanz spürst. Die etwas in dir zum Klingen bringen oder sich einfach gut anfühlen. Alle markieren, die sich positiv anfühlen. Egal, wie viele es sind.

Substantive:

Wärme	Universum
Geschichte(n)	Verbindung
Farbe	Welt
Licht	Weg(e)
Zeit	Seele
Gang	Ordnung
Chance(n)	Lebensaufgabe
Möglichkeiten	Mut
Wesen	Potenzial(e)

Ruhe
Lebewesen
geistige Welt
Sinn
Menschen
Mutter
Mitte
Klarheit
Struktur
Neues
Überblick
Rahmen
Vater
Durchbruch
Räume
Nähe
Welt
Wunder
Quelle
Kind(er)
Zuhause
Erde
Weite
Kontakt
Schönheit
Frieden
Tiere
Erkenntnis
Himmel

Vertrauen
Einklang
Veränderungen
Natur
Entwicklung
Zukunft
Leben
Besinnung
Gegensätze
Liebe
Achtsamkeit
Vergangenheit
Wachstum
Trends
Zusammenhänge
Optimierung
Realität
Unmögliches
Fantasie
Gegenwart
Spannung
Träume
Abenteuer
Netzwerke
Entspannung
Bedürfnisse
Projekte
Schwerpunkte
Lösungen

Verben:

loslassen	führen
verschönern	folgen
schützen	bekommen
fühlen	glauben
erkennen	bewegen
spielen	erfüllen
lernen	formulieren
(ver)ändern	begeistern
(er)schaffen	darstellen
(er)finden	erklären
haben	wissen
sein	aufbauen
tun	entfalten
entwickeln	spüren
gehen	erahnen
bringen	klären
geben	wagen
werden	orientieren
stehen	erreichen
wirken	erfassen
optimieren	leben
gestalten	(er)leuchten
finden	verbinden
ordnen	bewahren
zeigen	begleiten
schauen	lieben
sehen	setzen
liegen	berühren
kennen	erzählen
umsetzen	wärmen
verstehen	halten

stehen	fließen
bleiben	wechseln
erfreuen	lassen
zeigen	vertrauen
üben	zeigen
hören	loslassen
sagen	schenken
finden	stärken
verbinden	dienen
ermutigen	

Adjektive:

gelassen	genau
sanft	laut
stark	leise
weit	ernst
weiblich	leicht
männlich	schwer
voraus	flexibel
weiter	zuverlässig
schnell	überzeugend

Die Adjektive kannst du in den meisten Fällen auch in Substantive umwandeln, wenn sie dich dann mehr ansprechen. Zum Beispiel: Gelassenheit, Sanftheit, Stärke und so weiter.

Nimm jetzt alle Worte, die du markiert hast und die dich besonders angesprochen haben aus dem ersten, zweiten und diesem dritten Bereich vom Genius wieder zur Hand. Wähle daraus die Substantive, Adjektive und Verben aus, die dich am *allermeisten* positiv ansprechen. Das sollten aus jeder Kategorie am Ende maximal zehn sein.

Alternativ (das macht es um ein Vielfaches einfacher, ist aber große Fleißarbeit) kannst du alle Begriffe, die du gesammelt hast, auf kleine

Dein eigener Genius

Karten schreiben, auf leere Visitenkarten oder einfach auf ausgeschnittene Zettel, dir immer zwei Begriffe (jeweils für Substantive, Adjektive und Verben einzeln) nebeneinanderlegen und dann jeweils den Begriff aussortieren, der es ein bisschen weniger trifft als der andere.

So oder so hast du nun maximal zehn Worte aus jeder Kategorie ausgewählt und setzt sie jetzt zueinander in Bezug, indem du einfach austestest, was sich stimmig anfühlt. Das kann die Kombination von zwei oder auch von drei Worten sein, insofern sie immer nur ein Wort aus jeder Kategorie enthalten. Wenn du mit Karten arbeitest, kannst du sie einfach immer wieder anders anordnen. Die Variationen schreibst du dann alle auf.

Deine Worte sind zum Beispiel:

Substantive:
Licht	Struktur
Seele	Neues
Ordnung	Überblick
Mitte	Rahmen
Klarheit	Räume

Verben:
schaffen	bringen
finden	geben
sein	werden
entwickeln	wirken

Adjektive:
gelassen	weit
sanft	weiblich
stark	

Daraus könnten beispielsweise folgende Kombinationen entstehen:

ins Licht bringen	Klarheit entwickeln
Ordnung bringen	Klarheit schaffen
zur Mitte bringen	Struktur erschaffen
Seelen entwickeln	Ordnung schaffen
Räume schaffen	Überblick haben
Räume ordnen	Überblick entwickeln
sanft wirken	Rahmen geben
weit bringen	weibliche Räume schaffen

Und so weiter und so weiter.

Schreib jetzt alle Kombinationen deiner Begriffe auf, die dich positiv ansprechen. Ja, das ist noch einmal Fleißarbeit, aber ein hilfreicher nächster Schritt. Nun nimm ein bisschen Abstand und schau auf das Ergebnis.

 Der Genius-Test

Wähle jetzt einen Satz für deinen Genius und/oder deine drei beschreibenden Sätze dazu. Ob du deinen Genius wirklich gefunden hast (oder mit deinen vorläufigen Antworten schon nah dran bist), kannst Du ganz einfach testen, indem du deine ausgewählten Sätze nacheinander laut aussprichst. »Mein Genius ist ....«. Und dann achte auf deine innere und äußere Reaktion. Wird dein Herz weit? Schleicht sich ein Lächeln auf dein Gesicht? Fühlst du eine Welle von Gefühl in dir (egal, ob gut oder weniger gut)?

Falls jemand in deiner Nähe ist, mache das Ganze noch einmal und sprich es diesmal laut vor der Person aus. »Mein Genius ist ....«. Beobachte wieder deine Reaktion.

Dein eigener Genius

Wenn du deinen Genius gefunden hast beziehungsweise nah dran bist, gibt es diesen *einen Moment*, in dem du dir sicher bist. In dem du es einfach weißt, auch wenn du es im zweiten Moment vielleicht doch nicht ganz glauben kannst.

Falls du übrigens intensive Gefühle beim Aussprechen hast, diese aber eher als unangenehm erlebst, kann es sein, dass ein Teil in dir deinem Genius nicht erlauben will, ans Licht zu kommen. Das kann daher kommen, dass du als Kind schon gehört hast, dass es nicht gut sei, so oder so zu sein und zu handeln und dein inneres Kind daher jetzt ängstlich auf den wiedererweckten Genius reagiert. Vermutlich ist es dann Teil deiner Seelen-Lernaufgaben, das innere Kind zu heilen und die Bedenken hinter dir zu lassen.

Was auch immer du jetzt als Ergebnis notiert hast, ist die zurzeit bestmögliche Arbeitshypothese zu deinem Genius. Das ist fürs Erste absolut ausreichend! Wenn das Thema dich bewegt, möchte ich dich unbedingt ermutigen, am Ball zu bleiben. Ich habe meine eigenen Aufzeichnungen immer wieder zur Hand genommen und weiterentwickelt. Es kann bei dir aber auch sehr schnell gehen, möglicherweise hast du die »richtigen« Überschriften bereits gefunden.

Jetzt frage dich noch:
- Wie hat mein Genius bisher in meinem Leben gewirkt?
- Was habe ich schon getan, was ganz und gar im Sinne meines Genius war?
- Was will ich ab sofort und grundsätzlich (noch) tun, um meinem Genius mehr Ausdruck zu geben?

Dann lass das Thema Genius erst einmal los und gönne dir ein Päuschen. Wenn du so weit bist, gehe den nächsten wichtigen Bereich deiner Seele für dieses Leben an. Deine Berufung.

4. Schritt:
Die Berufung finden

Die Berufung zu leben bedeutet, den für dich idealen Beruf unter den für dich idealen Lebensumständen auszuüben. Deine Berufung ist der (berufliche) Ausdruck dessen, was du tief im Kern bist und was in diesem Leben besser zu dir passt als zu jedem anderen Menschen auf diesem Planeten. Berufung ist der Ruf aus unserem Inneren, den wir vor allem hören, wenn wir im falschen Job oder im falschen Kontext arbeiten. Ein Ruf, der uns dazu bringen will, unserem ganz persönlichen Weg zu folgen und unser volles Potenzial unter idealen Rahmenbedingungen zu leben. In den letzten zwanzig Jahren habe ich viele tausend Menschen im Coaching beim Entdecken ihrer Berufung begleitet. Ich habe in dieser Zeit nicht einen einzigen Menschen kennengelernt, der keine Berufung hat.

Unter »Beruf« versteht man jede auf Dauer angelegte Tätigkeit zur Bestreitung des Lebensunterhalts, gleichgültig, ob man das, was man tut, auch gelernt hat, ob man es wirklich kann und ob man es gerne tut. Über die »Berufung« sagt das Lexikon hingegen, sie sei: »der Ruf Gottes an einen Menschen zur Erfüllung ihm, und nur ihm, bestimmter Aufgaben«.

Konkret:
Jeder von uns hat eine Berufung.
Unsere Berufung liegt in uns und möchte gefunden werden.
Mit allen Herausforderungen, die damit einhergehen.

Wenn es um die Suche nach dem idealen Job und die Berufung geht, orientieren sich die meisten Menschen an dem, was sie gut können und was sie gelernt haben. Klar, wenn du etwas lang genug machst, kannst du es irgendwann auch. Aber wenn du dies dann ohne Freude tust, kostet es Kraft und hat mit Erfüllung nichts zu tun. Einer der häufigsten Gründe für anhaltende Erschöpfung oder Burn-out ist, dass ein Mensch im falschen Job ist und dauerhaft Dinge tut, die ihm und seiner Berufung nicht entsprechen.

Kennst du das aus deinem Leben, dass du dich oft lustlos zur Arbeit schleppst? Oder am Montag schon aufs nächste Wochenende freust? So war das Leben nicht gedacht. Und so wirst du vermutlich niemals dein volles Potenzial leben können. Zumindest nicht im Job.

Früher war uns die berufliche Laufbahn mehr oder weniger vorbestimmt. Ausbildung oder Studium, einen Job finden, sich darin entwickeln, aufsteigen oder eben auch nicht. Wir waren eingestellt auf einen klar definierten beruflichen Status als Chef oder Mitarbeiter. Viele in Gedanken gleich bis zur Rente. Das hat sich radikal geändert. Wir wechseln unsere Jobs immer häufiger. Unzufriedenheit wird nicht mehr zwanzig Jahre lang ausgesessen. Immer mehr Menschen haben übrigens mehrere Jobs gleichzeitig. Nicht unbedingt, weil sie müssen, sondern weil sie sich nicht auf *die eine* Sache festlegen oder beschränken wollen. Unsere Berufung müssen wir auch nicht zwangsläufig in einem einzigen Job finden. Wir können sie auf unterschiedliche Jobs »verteilen«. Oder nebenberuflich leben. Oder »nur« als Hobby. Das ist besser als gar nicht.

Deine Berufung für dieses Leben finden

Um deine Berufung zu erkennen, kannst du jetzt von mehreren Seiten auf dein Leben schauen. Auf deine Geschichte, die Träume deiner Kindheit, deine Ideen von heute und deine Gedanken in Bezug auf die Zukunft. Zu allen Fragen schreibst du wieder so viel wie möglich auf, um sie am Ende zu drei Überschriften zusammenzufassen. Falls du übrigens mein erstes Buch *Finde den Job, der dich glücklich macht* bereits gelesen und darin den Karriere-Navigator für dich bearbeitet hast, nimm nicht einfach deine Ergebnisse aus dem anderen Buch, sondern nutze die Chance und beantworte die Fragen hier noch einmal neu. Das Vorgehen ist ein anderes, und es ergeben sich andere Überschriften, die du für den Seelen-Navigator brauchst.

 ### 1. Der Blick in deine Vergangenheit

Deine Kindheit
- Was hast du als Kind und Jugendlicher gerne gespielt?
- Warst du besonders kreativ? Abenteuerlustig? Naturverbunden?
- Lieber drinnen oder draußen?
- Kreativ oder eher praktisch?
- Wild oder besonnen?
- Lieber mit anderen zusammen oder lieber alleine?
- An der Natur orientiert und an Tieren?
- Sportlich und in Bewegung?
- Womit hast du dich am liebsten und stundenlang beschäftigt?
- Welche Bücher hast du am liebsten gelesen?
- Mochtest du malen, zeichnen, basteln, lesen, schreiben, fernsehen, Radio hören, im Garten arbeiten, mit Lego bauen, Gesellschafts-

spiele, im Verein sein, Musik machen, Technik, Puppen, Barbies, Autos, Theater spielen, etwas vorführen oder verkleiden?

Schreib alles auf, was dir spontan dazu einfällt!

Und wovon hast du als Kind und junger Mensch in Bezug auf deine Arbeit geträumt?
Hattest du berufliche Vorbilder?
Und wolltest du
- dein eigener Chef sein?
- Karriere in einem Konzern machen?
- im Freien arbeiten oder in einem Büro?
- mit Menschen zu tun haben oder lieber mit Tieren oder Dingen?
- in der Stadt oder auf dem Land arbeiten?

Schreib wieder alles auf, was dir dazu einfällt. Schau dir dafür ein paar Fotos aus dieser Zeit an und versetz dich innerlich dorthin zurück.

Jetzt sieh dir alles noch mal in Ruhe an.
- Was fällt dir auf?
- Welche Schwerpunkte siehst du in deiner Kindheit und Jugend?
- Was tritt besonders deutlich hervor?

Notiere dir drei Überschriften zu deiner Kindheit, die dich am meisten ausgemacht haben. Zum Beispiel »Kreativ sein«, »Abenteuerlustig«, »Naturverbunden«.

Dein bisheriger Weg

Jetzt geh in Gedanken oder noch besser schriftlich durch, was du seit deiner Kindheit beruflich und privat alles gemacht hast. Schreib alle Jobs und Berufe auf, auch Ferienjobs, Praktika, Ausbildungen, Fortbildungen, langjährige Hobbys etc.

Und jetzt frag dich, welche drei Dinge oder Zeiträume dir davon am allermeisten Spaß gemacht haben. Und warum.

- War es das Zusammensein mit netten Menschen oder Kollegen?
- War es selbstständiges Arbeiten?
- Oder etwas herzustellen?
- In einem tollen Team zu arbeiten?
- Etwas Neues zu lernen?

Gib den drei schönsten Dingen eine Überschrift.

2. Im Hier und Jetzt

Jetzt geht es darum herauszufinden, für was du morgens wirklich gerne aufstehst. Was du kaum erwarten kannst. Worauf du dich vielleicht sogar am Vorabend schon freust.

An welchen Tagen stehst du besonders gerne auf?
- Wenn ein neues Projekt in deinem Job ansteht?
- Am Wochenende, weil du dann auf den Wochenmarkt fahren und alles fürs leckere Essen am Abend mit Freunden einkaufen kannst?
- Am ersten Tag deines lang geplanten und ersehnten Abenteuerurlaubs?
- Am Dienstag, weil du da immer den netten Kollegen aus dem Nachbarbüro triffst?

Was treibt dich morgens wirklich aus dem Bett?

Schreib drei besondere Situationen auf, in denen du besonders gerne aufstehst und warum.

3. Deine Ideen von heute

Jetzt sammelst du alle Ideen und Wünsche, die du aktuell hast oder die dir bei den folgenden Fragen in den Sinn kommen.

- Was von den Dingen, die du gut kannst, macht dir am allermeisten Spaß?
- Welches deiner Hobbys würdest du gerne auch beruflich machen?
- Wer sind heute deine beruflichen Vorbilder und warum?
- Willst du mehr Zeit für dich haben?
- Deine Zeit frei einteilen können?
- Dich mehr engagieren?
- Dich selbstständig machen?
- Den Arbeitgeber wechseln?
- Aufsteigen?
- Absteigen (ja, das gibt's auch, dass Führungskräfte lieber wieder einen »normalen« Job haben möchten, um zum Beispiel mehr Zeit für die Familie zu haben)
- Willst du dich fortbilden?
- Einen neuen Beruf lernen, eine Umschulung, ein Studium oder eine Zusatzqualifikation machen?
- Einen Master of Business machen?
- Eine Ausbildung zum Heilpraktiker?
- Promovieren?
- Oder neue Sprachen lernen?
- Willst du mit Menschen arbeiten? Wenn ja, mit was für Menschen? Jungen, alten, gesunden, kranken, behinderten, ausländischen, Frauen, Männern?
- Oder mit Tieren oder der Natur?
- Oder lieber mit Gegenständen, Werkzeugen oder (schönen) Dingen?
- Wo möchtest du arbeiten? An einem bestimmten Ort, in einer Stadt oder einem anderen Land?
- Wie sieht dein idealer Arbeitsplatz aus? Willst du von zu Hause aus arbeiten? Home-Office-Tage haben? Ein Einzelbüro? In einem Großraumbüro sitzen, um mehr Kontakt mit anderen Menschen zu haben? Kundenkontakt? Ganz für dich sein?

Jetzt sieh dir deine gesammelten Werke fürs Hier und Jetzt noch einmal an und formuliere wieder drei Schwerpunkte, die du in deinen Gedanken und Ideen findest. Rote Fäden, die immer wiederkehren. Oder einfach die drei Dinge, die dich am meisten ansprechen.

4. Ideen für die Zukunft

Jetzt geht es um deine unbewussten Wünsche und Träume. Auch in deinen Sehnsüchten (sogar vor allem da) stecken Hinweise auf deine Berufung! Das, wovon wir träumen, können wir auch erreichen. Und sollen es auch, um unser volles Potenzial zu leben und glücklich und erfüllt zu sein.

Wenn alles möglich wäre ...

Mal angenommen, du könntest neben deinem aktuellen Leben noch fünf zusätzliche haben, welche Leben wären das?
- Wer würdest du gerne sein?
- Wessen Leben hättest du gerne?
- Was würdest du unbedingt ausprobieren wollen?
- Was wäre dein Traumjob, wenn du sicher wärst, ihn hinzubekommen?
- Wenn du absolut frei wärst zu tun, was du willst?
- Welchen Job würdest du einfach mal testen wollen?
- Wenn du dir von allen Jobs auf der Welt einen aussuchen könntest, welcher wäre das?

Wenn alles möglich wäre, was würdest du in deinen fünf zusätzlichen Leben tun?

Zum Beispiel:
- Einen Ökobauernhof bewirtschaften
- Ein eigenes Café eröffnen
- Eine kleine feine Werkstatt leiten

- Eine tolle Führungsposition innehaben
- Als Lebenskünstler durch den Tag treiben
- Ein Millionär sein, der tut, was er will (wichtig ist dabei, dass du dir noch dazu schreibst, was du als Millionär den ganzen Tag tust. Du willst dich da ja sicher nicht langweilen.)

Schreib deine fünf Leben auf. Und dann picke dir die drei besten davon raus, also die, die dich am glücklichsten machen würden, wenn sie tatsächlich möglich wären.

 Deine Berufung

Übertrag jetzt alle deine Antworten (also immer die drei gefundenen Überschriften beziehungsweise die drei tollsten Leben) wie bei einer Mindmap auf ein großes Blatt, damit du sie alle zusammen im Blick hast. Das macht es klarer und einfacher.

Lies alle Antworten noch einmal in Ruhe durch und dann tritt innerlich einen Schritt zurück.

Welche roten Fäden fallen dir darin auf?
Welche Begriffe oder Ideen tauchen immer wieder (ähnlich) auf?
Welche Gemeinsamkeiten gibt es?

Freiheit, Selbstständigkeit, schöne Dinge oder Reisen?
Natur, Tiere, das Thema Führung, Entwicklung oder Arbeit mit Menschen?

Was sind deine drei großen Überschriften? Schreib sie auf.

Meine eigenen großen Überschriften lauten:

1. Neues entwickeln
2. In Ruhe schreiben
3. Leben und arbeiten auf dem Land mit vielen Tieren

Alles, was ich tue, jede neue Projektidee, jede Anfrage prüfe ich auf Stimmigkeit mit diesen drei Überschriften. Das macht es mir leicht, Dinge zu tun oder anzunehmen, die mir guttun und die gut zu mir passen. Und es macht es mir leicht (und das ist der noch wichtigere Punkt), die Dinge abzulehnen, wegzulassen oder abzugeben, die nicht zu mir passen und mir damit nicht guttun.

Wenn du richtig in das Thema Berufung und idealer Job eintauchen willst, dann empfehle ich dir wie gesagt die Arbeit mit meinem Buch *Finde den Job, der dich glücklich macht*. Für deinen Seelen-Navigator genügen uns im Moment die drei Überschriften, die du gerade für dich entwickelt hast.

5. Schritt:
Die Big Five der Seele entwickeln

Nachdem du inzwischen schon eine Menge über deine Seele und die Aufgaben, die du dir für dieses Leben vorgenommen hast, erfahren hast, werden wir jetzt deine Seelenziele für dieses Leben konkretisieren. Möglicherweise gibt es Dinge, die dir immer mal wieder im Kopf herumschwirren. Träume, Pläne, Ziele, Sehnsüchte. Auch darüber habe ich ein ganzes Buch geschrieben. Wenn du lang gehegte, noch unerfüllte Träume hast, dann lohnt es sich für dich, mein zweites Buch *Aufgewacht! Wie Sie das Leben Ihrer Träume finden* zu lesen und die ausführlichen Aufgaben darin zu bearbeiten.

Der Zugang hier bei den Big Five deiner Seele ist aber ein etwas anderer. Es geht um das, von dem du tief in dir spürst, dass du es unbedingt noch tun, haben, sein oder erleben möchtest, bevor du diese Welt wieder verlässt. Es geht nicht um die kleinen Ziele, wie eine bestimmte Reise zu machen oder ein eigenes Haus zu kaufen, sondern um die übergeordneten Metaziele. Um das Dahinter.

Warum Big Five? Es hat sich in meiner Arbeit gezeigt, dass drei große Seelenziele für die meisten zu wenig sind. Und sieben sind zu viel. Fünf hat sich als die ideale Zahl dafür herausgestellt. Falls du lieber nur drei oder doch sieben hättest, ist das auch okay. Dann schreibst du am Ende ebendiese auf. Du solltest allerdings sicherstellen, nicht nur deswegen drei zu nehmen, weil du meinst, dir nicht mehr erlauben zu können. Oder sieben, weil du unbedingt mehr haben willst, auch wenn nicht alle davon wirklich wichtig und stimmig sind.

Um deine Big Five zu formulieren, gehst du wieder in drei Schritten vor.

1. Wenn alles möglich wäre

So ähnliche Fragen habe ich dir schon im letzten Kapitel bei den fünf Leben gestellt. Wir greifen das Thema hier noch einmal auf und konkretisieren es. Gleich stelle ich dir die folgende Frage, die ich hier aber erst noch ein bisschen aufschlüssele.

Wenn alles möglich wäre und du auf jeden Fall Erfolg hättest und ganz und gar glücklich dabei wärst, was würdest du dann tun?

Die Frage beinhaltet:

a) die Annahme, dass wirklich alles möglich ist, dass eine gute Fee kommt, die deine Wünsche wahr macht, dass du tatsächlich jeden Job oder jede Aktivität auf dieser Welt haben beziehungsweise machen kannst;

b) dass du auf jeden Fall Erfolg hast, das heißt, ganz egal, ob deine inneren Überzeugungen dir zuflüstern, dass es sowieso nicht klappt, weil bisher auch immer alles schiefgegangen ist, diesmal wird es auf jeden Fall gelingen;

c) dass du auf jeden Fall und absolut glücklich dabei bist, also dass der Job oder die Tätigkeit in echt sogar noch tausendmal besser ist, als du ihn dir bisher vorstellen kannst und absolut keine Schattenseiten hat, sondern pure Freude bedeutet.

Unter all diesen Voraussetzungen beantworte jetzt möglichst ausführlich die Frage:

Wenn alles möglich wäre und du auf jeden Fall Erfolg hättest und ganz und gar glücklich dabei wärst, was würdest du dann tun? Schreib so viel wie möglich an Ideen dazu auf und lies erst dann weiter.

 2. Mit 50 Millionen Euro

Der folgende Teil ist ganz einfach, denn du hast nun (leider erst einmal nur in Gedanken) so viel Geld, dass wirklich und wahrhaftig alles drin ist. Sogar ein Flug ins Weltall oder ein eigenes Flugzeug, ohne dass es dir finanziell wehtut.

Angenommen, du hast 50 Millionen Euro zur Verfügung:
Was würdest du damit tun?
Mit wem würdest du es tun?
Und vor allem, *warum* würdest du es tun?

Die Frage nach dem »Warum« ist hier besonders wichtig, also schreib das so genau wie möglich auf. Mindestens fünf, besser noch zehn bis fünfzehn Ideen solltest du dazu notieren. Mit 50 Millionen Euro kannst du schließlich wirklich eine Menge anfangen. Selbst, wenn du einen Teil »sicher« anlegst, damit du nie mehr arbeiten musst, würdest du ja trotzdem noch jeden Tag etwas mit deiner Zeit anfangen wollen. Also schreib alles auf, was dir dazu einfällt.

Zum Beispiel so:
Wenn ich 50 Millionen Euro hätte, würde ich …
… ein sehr großes Anwesen auf dem Land kaufen mit vielen richtig schönen Wohnungen, wo ich dann mit ganz vielen Freunden leben und arbeiten könnte, weil ich es mir schön vorstelle, wenn wir alle zusammen sind.

… an ganz vielen Orten der Welt große Tierfarmen bauen, auf denen Tiere in Würde ihren Lebensabend verbringen können, zusammen mit anderen, die Tiere lieben, weil mir das Wohl von Tieren so am Herzen liegt.

… mir ganz viel Zeit nehmen, um zu schönen Orten dieser Welt zu reisen und dort weisen Lehrern zu begegnen, von denen ich noch mehr über die Seele lernen kann, weil es mich glücklich macht, das immer mehr zu verstehen und zu durchdringen und ich dieses Wissen dann wieder an andere weitergeben kann.

3. Die Löffelliste

Auf die Löffelliste kommen jetzt all die Dinge, die du unbedingt noch tun oder haben möchtest, bevor du stirbst, also »den Löffel abgibst«. Da können auch kleinere Sachen draufstehen, es muss nicht immer existenziell sein. Darf es aber natürlich, falls es noch den einen großen Traum gibt, den du unbedingt verwirklichen willst.

Jetzt folgen ein paar Fragen als Anregung dazu. Schreib dir zu jeder Frage mindestens eine Antwort auf, gerne auch mehr.

Wenn du für jeden Bereich deines Lebens ein bis drei Wünsche frei hättest, welche wären das für
- deinen Beruf?
- deine Partnerschaft?
- deine Familie?
- deine Freundschaften?
- deinen Lebensmittelpunkt?
- deine Gesundheit?
- dein Engagement für andere/für die Gesellschaft?
- deinen Spaß im Leben und damit verbundene Abenteuer?
- deine persönliche Entwicklung?

Die Big Five der Seele entwickeln

Schreib alle Gedanken und Ideen dazu auf. Aus vielen kleinen Wünschen lassen sich wunderbar Hinweise auf das große Thema dahinter ableiten. So kann hinter dem Wunsch nach vielen Reisen zum Beispiel das Thema Abenteuer stecken. Oder aber auch der Wunsch, mit unterschiedlichsten Kulturen zusammenzutreffen, um die Menschen der Welt mehr miteinander zu verbinden.

So könnte eine Löffelliste aussehen:
- Noch mindestens drei Bücher schreiben
- Tolle Projekte mit meinem Mann zusammen machen
- Unsere Hochzeitsreise nachholen
- Regelmäßigen Kontakt zu meinen Freunden halten
- Neben dem Haus auf dem Land weitere Lebensmittelpunkte haben, unter anderem einen mit Blick aufs Meer
- Gut für meinen Körper und meine Seele sorgen, indem ich achtsam mit mir bin, mich gesund ernähre und viel bewege
- Einen Gnadenhof für Tiere gründen, auf dem sie in Würde und gut versorgt leben können
- In einem Hospiz mitarbeiten
- Mindestens einen Hund zum Therapiehund ausbilden
- Mit dem Schiff zum Nordkap fahren
- Eine Ozeanüberquerung von Hamburg nach New York
- Eine Rundreise durch Schottland machen
- Nach Island reisen und den Elfenbeauftragten kennenlernen
- Line-Dance lernen
- Schlagzeug spielen
- Hubschrauber fliegen
- Offen bleiben für Neues, für neue Ansätze, neue Entwicklungen, vor allem in Bezug auf den Kontakt mit der Seele, aber auch im Bereich Hirnforschung
- Immer wieder Neues entwickeln, das Menschen hilft, ein besseres Leben zu führen.

Schreib deine Löffelliste mit so vielen Punkten wie möglich. Du kannst das spontan machen, wie ein Brainstorming, wo du einfach alles aufschreibst, was dir einfällt. Oder auch systematisch, indem du dir jeden Lebensbereich einzeln vornimmst und deine Gedanken in Ruhe dazu notierst. Nimm dir dafür ausreichend Zeit. Neben den Hinweisen auf deine Big Five kannst du dadurch auch auf Ideen für spannende Reisen oder schöne Projekte kommen.

Ich mache diese Liste immer einmal im Jahr zum Jahreswechsel und leite daraus – in Übereinstimmung mit meiner Seele – meine jeweiligen Jahresziele ab. Allein dafür lohnt es sich. Mehr dazu findest du in Teil drei hier im Buch.

 Die Big Five formulieren

Du hast jetzt einige Ideen zusammengetragen; manche davon sind dir vermutlich schon zuvor einmal in den Sinn gekommen, andere sind vielleicht auch ganz neu. Jetzt schau dir wieder alle Antworten aus diesem Kapitel an, also alles aus Schritt 1, 2 und 3 und formuliere daraus die Big Five deiner Seele.

Dazu kannst du nach gemeinsamen Überschriften Ausschau halten. Nach Metathemen. Aber es dürfen auch einzelne (größere) Projekte dabei sein, die dir einfach enorm wichtig sind und bei denen du das Gefühl hast, die *müssen* sein, damit dein Leben sich gelohnt hat.

Die Big Five meiner Seele sind:
1. Menschen an das erinnern, was sie wirklich sind, unter anderem, indem ich noch möglichst viele <u>Bücher über die Seele</u> schreibe,
2. den <u>Kontakt mit der geistigen Welt</u> weiter vertiefen, um meinen Job hier auf der Erde noch besser machen zu können,

Die Big Five der Seele entwickeln

3. in einem Umfeld leben, in dem ich mich wirklich wohlfühle und richtig gut arbeiten kann, mit vielen Tieren und zuverlässigen Helfern, die mich bei Bedarf unterstützen,
4. weiter eine <u>vertrauensvolle, lebendige, intensive Partnerschaft</u> mit meinem Mann leben, in der wir auch beruflich immer mehr zusammenarbeiten,
5. <u>Abenteuer leben</u>, immer wieder über meine Grenzen hinausgehen (das heißt zum Beispiel: auf einem Expeditionsschiff mitfahren; Länder bereisen, in denen meine Seele sich wohlfühlt; Hubschrauber fliegen, Schlagzeug spielen lernen, beruflich immer wieder neue Themen angehen).

Die Big Five der Seele sind zwar sehr stabil, das heißt, sie bleiben meist über lange Zeit konstant, aber die Unterpunkte darin können sich ändern, wenn du Dinge erreicht hast und als erfüllt empfindest. Wenn ich zum Beispiel auf einem Expeditionsschiff mitfahren durfte, mache ich einen Haken hinter diesen Punkt. Und dann kommt das nächste Ziel aus dem Bereich Abenteuer leben dran.

Wenn du deine Big Five samt wichtiger Ideen dazu notiert hast, dann unterstreiche die Worte in deinen Aufzeichnungen, die es am meisten auf den Punkt bringen beziehungsweise die dich davon jetzt am meisten ansprechen, so wie bei meinen Big Five in der Liste hier oben.

6. Schritt:
Die Seelen-Lernaufgaben verstehen

Du weißt inzwischen eine ganze Menge über dich, deine Seele und ihre Ausdrucksform im aktuellen Leben und über die Zeit hinweg. Und auch darüber, welche Herausforderungen dir möglicherweise begegnen. Doch du bist noch aus einem weiteren wichtigen Grund auf dieser Erde: um dich und deine Seele möglichst intensiv zu entwickeln, belastendes Karma zu heilen und aus tiefstem Herzen lieben zu lernen. Das sind die Seelen-Lernaufgaben jedes Menschen auf dieser Welt. Darüber hinaus hast du noch ganz individuelle, eigene Lernthemen mitgebracht, und um die geht es jetzt.

Die Grundidee deiner und aller anderen Seelen bei ihrer Wanderung durch die irdischen Inkarnationen ist stets die gleiche: bedingungslose Liebe zu lernen und früher oder später dadurch aus dem Rad der Inkarnationen wieder auszusteigen. Abgesehen davon nimmt sich jede Seele aber auch ganz konkrete Themen für ihre jeweilige Inkarnation vor. Diese im Blick zu haben gibt einen weiteren wichtigen Anhaltspunkt für deinen eigenen Seelenweg in diesem Leben.

Deine Seelen-Lernaufgaben für dieses Leben findest du 1. in den »Schattenseiten« deiner grundsätzlichen Seelenrolle (also als Heiler, Weiser, König etc.), 2. In den Schattenseiten deines Archetyps für dieses Leben (als dein Archetyp im Tarot, wie der Herrscher, der Wagen, der Hohepriester und so weiter) und 3. in den roten Fäden deiner Biografie.

1. Die Lernaufgaben deiner archetypischen Seelenrolle über alle Leben hinweg

Die Lernaufgaben deiner Seelenrolle begleiten dich meist über viele Inkarnationen hinweg. Es sind sozusagen zeitüberdauernde Lernthemen.

Wenn du ein Heiler bist, hast du vielleicht in einem früheren Leben als Hebamme gearbeitet und wurdest für den Tod einer werdenden Mutter verantwortlich gemacht, für den du in Wahrheit gar nichts konntest. Vielleicht wurdest du damals angeklagt und zum Tode verurteilt. Die Zeiten waren hart, das kam vor. Und gerade Hebammen wurden oft als Sündenbock benutzt. Es kann sein, dass diese Erfahrung, die in deiner Gesamtseele abgespeichert ist und die du als unbewusstes Wissen in dieses Leben mitgebracht hast, noch immer in dir wirkt. Vielleicht als Angst, anderen zu Hilfe zu kommen, weil du unbewusst befürchtest, dafür wieder zur Rechenschaft gezogen zu werden. Oder als Sehnsucht danach, Menschen als Arzt oder Heilpraktiker zu heilen, doch du wagst es bisher nicht, dich in diese Richtung zu bewegen.

Ich selbst habe als Weiser zahlreiche Inkarnationen gefunden, in denen ich durch das Weitergeben von altem Wissen in Gefahr geraten bin oder sogar mein Leben verloren habe. Da war Gefangenschaft und Folter und auch der Tod als Hexe auf dem Scheiterhaufen. Doch es gab auch Leben, in denen ich meine Macht missbraucht habe. Alles zusammen hat dazu geführt, dass ich meine Fähigkeiten als Medium lange Zeit weit von mir gewiesen habe und nichts davon wissen wollte. Und dass gleichzeitig ein anderer Teil in mir große Sehnsucht hatte, die Menschen an das zu erinnern, was sie wirklich sind.

Darum schau dir noch einmal die Lernaufgaben an, die deine Seelenrolle sich für dieses Leben vorgenommen hat.

Mögliche Lernaufgaben meiner Seelenrolle in allen Leben

Lies die Beschreibung deiner archetypischen Seelenrolle über alle Leben hinweg noch einmal durch und frage dich, was von deiner Seelenrolle du schon ganz und gar und erfüllt lebst und wo du etwas bisher noch ablehnst, verdrängst oder Angst davor hast. Und dann schreib es dir auf. Nimm dir ausreichend Zeit dafür. Diese Frage kommt ganz harmlos daher, doch sie beinhaltet die Herausforderungen aus vielen deiner früheren Leben, die bis ins Heute hineinwirken. Sich das zu vergegenwärtigen kann durchaus aufwühlend sein. Falls nötig, notiere dir deine Antwort und dann leg das Buch zur Seite und gönne dir etwas Schönes.

2. Die Lernaufgaben deines Archetyps in diesem Leben

Die Lernthemen deines Archetyps im Tarot gelten immer für dein aktuelles Leben. Wenn du in diesem Leben zum Beispiel der Archetyp der Herrscherin bist, wird eine deiner Lernaufgaben sein, Frieden mit deiner eigenen Mutter und dem Thema Mutterschaft und der Mutterrolle insgesamt zu machen. Oder es geht darum, dich zu deiner Kreativität zu bekennen und sie zum Mittelpunkt deines Lebens zu machen. Und vielleicht hast du dir, um das zu lernen, gerade eine Familie ausgesucht, die dich als Kind dabei blockiert hat, indem sie dir immer wieder sagte, du wärst nicht begabt. Oder Künstler zu sein könntest du vergessen, weil es dabei nichts zu verdienen gibt. Je nachdem, was wir uns vorgenommen haben und wie viele Lernthemen wir noch mitbringen, wählen wir uns Eltern, die uns beim Leben unseres Potenzials vorbehaltlos unterstützen oder solche, die für das genaue Gegenteil sorgen, damit wir in unserer Entwicklung weiter vorankommen.

Mit meinem Archetyp Wagen habe ich mir zum einen vorgenommen, mutig Neues zu entwickeln und immer wieder neu zu beginnen. Das ist der gute Teil daran, und er fiel mir von klein auf sehr leicht. Ich wollte aber schon in früheren Leben und auch in diesem immer sehr viel und habe mich nie geschont. Darum habe ich mir ein Elternhaus gesucht, in dem ich gelernt habe, wie wichtig Leistung ist. Für eine Eins in der Schule gab es fünf Mark, für eine Zwei gab es nichts. Schon als Kind habe ich darum immer irgendwas »gearbeitet«. Für die Schule, an privaten Projekten. Einfach nur rumhängen und träumen oder spielen gab es für mich nicht. Das lerne ich jetzt erst nach und nach, und es ist für mich eine der wichtigsten Lernaufgaben in diesem Leben, gut für mich zu sorgen.

Schau dir jetzt noch einmal genau die Lernaufgaben an, die deine Seele sich in Form des Archetyps für dieses Leben vorgenommen hat.

Mögliche Lernaufgaben meines Archetyps
in diesem Leben

Lies auch die Beschreibung deines Archetyps noch einmal durch und notiere dir die Stichworte aus dem Abschnitt Lernaufgaben, die am ehesten auf dich zutreffen. Und schreibe alle Gedanken auf, die dir zusätzlich dazu in den Sinn kommen.
Dann gibt es noch einen dritten wichtigen Bereich, in dem du deine Seelen-Lernaufgaben für dieses Leben findest: die roten Fäden in deiner Biografie.

3. Die Lernaufgaben in deiner Biografie

Wie entwickelt sich deine »Persönlichkeit« auf dieser Welt? Sie ist eine Mischung aus der Seelenrolle deines inkarnierten Seelenanteils, deines Archetyps in diesem Leben und deinen Erfahrungen auf dieser Erde seit deiner Zeugung. Wir alle treten als Seelenanteil in dieses Erdenleben ein und haben dabei unsere unterschiedlichsten Aufgaben und karmischen Themen mit im Gepäck, um sie zu lösen und zu heilen. Dafür suchen wir uns die Eltern und die Rahmenbedingungen aus, mit denen das am besten gelingt. In den meisten Fällen suchen wir dafür eher schwierige, herausfordernde Situationen, weil wir dann schneller wachsen können und sich mehr Gelegenheiten für Heilung bieten. Nur alte Seelen auf einem sehr fortgeschrittenen Level wählen sich eher entspannte, unterstützende Rahmenbedingungen, um ihre letzten Leben hier auf der Erde ganz in Ruhe abzuschließen. Es ist also ganz normal, wenn du in deinem Leben bisher nicht nur eitel Sonnenschein, sondern auch Regen und Sturm erlebt hast.

Das Zwiebelmodell – wie deine Persönlichkeit entsteht

Wie wird nun aus deinem Seelenanteil in dieser Inkarnation deine Persönlichkeit? Stell dir einen Menschen wie eine runde Zwiebel mit vielen Schichten vor. Das Innerste der Zwiebel, der Same quasi, das ist der Wesenskern, die Seele. Darin ist das gesamte Potenzial angelegt, das eine Seele in einen menschlichen Körper mit hineinbringt und idealerweise verwirklichen will.

Wann genau übrigens die Seele in den Körper des Embryos beziehungsweise der Mutter eintritt, darüber gibt es unterschiedliche Aussagen. Manche behaupten, die Seele sei von Anfang an um die Mutter herum und bekomme alles mit, andere sagen, die Seele ginge erst kurz vor der Geburt in den Körper. Ich habe beides bereits erlebt und finde es ehrlich gesagt auch nicht so wichtig. Tatsache ist, dass der kleine Embryo schon im Mutterleib alles spürt, was um ihn herum geschieht. Er wird geprägt davon, ob die Mutter entspannt ist, sich auf das Baby freut, es sich die Schwangerschaft über gut gehen lässt und sich in einem liebevollen, sicheren Umfeld befindet oder all das eben nicht.

Auch die Geburtserfahrung spielt eine Rolle, ob sie natürlich und leicht (insofern man bei Geburten von leicht überhaupt sprechen kann) oder dramatisch und schwer war. Und natürlich auch, wie die ersten Lebensjahre waren und ob man von den wichtigsten Bezugspersonen im Ausdruck seines Wesens bestärkt oder eher behindert wurde.

Besonders wichtig ist alles, was einem Mensch in den ersten fünf Lebensjahren an Gutem und weniger Gutem oder gar Dramatischem begegnet und auch, wie er es aufgrund seiner frühen Prägungen erlebt. Alle grundlegenden Dinge passieren hier ein erstes Mal. Es wird zum ersten Mal Liebe erfahren oder auch Ablehnung. Die ersten Erfahrungen mit Mutter- und Vaterfiguren werden gemacht. Ebenso die ersten guten oder weniger guten Erfahrungen mit anderen Kindern, alten Menschen, Tieren, der Natur, Erfolg und Misserfolg, Freude, Schmerz und dem Umgang damit. Die ersten Erfahrungen mit dem gesamten Leben eben. Ich nenne das kurz nur »primäres Szenario«.

Mit jeder Erfahrung und jedem Lebensjahr legt sich um den Kern der Zwiebel eine weitere Schicht. Macht ein Mensch gute Erfahrungen, bilden sich gute Überzeugungen. Dass die Welt ein schöner Ort ist, voller Liebe und Licht zum Beispiel. Macht der Mensch weniger gute Erfahrungen, gibt es Missbrauch oder Gewalterfahrungen, vor allem in der frühen Kindheit, entsteht die innere Überzeugung, dass es gefährlich ist, auf dieser Welt zu sein und dass es besser ist, niemandem zu vertrauen und sich immer in Acht zu nehmen. Der Mensch wird entweder eine Zwiebel mit dünnen, durchlässigen Schichten, durch die er seinen Wesenskern noch gut spüren kann, oder er sammelt dicke Schutzschichten an, durch die er sich immer weiter von seinem wahren Kern entfernt.

Das primäre Szenario

Das primäre Szenario ist die Ur-Erfahrung von jeder möglichen Erfahrung in unserem Leben. Und sie bestimmt unseren weiteren Umgang mit ähnlichen Themen. Jedes primäre Szenario wird sich in unserem Leben wiederholen, weil wir überzeugt davon sind, dass die Welt so ist, wie wir sie sehen. Dabei ist sie immer nur so, wie wir sie durch die Brille unserer primären Szenarien sehen. Jeder, absolut jeder Mensch hat darum einen ganz und gar individuellen Blick auf die Welt. Aufgrund unserer Erfahrungen erwarten wir zum Beispiel, ernst genommen zu werden und fühlen uns liebenswert. Oder wir sind sicher, dass unsere Kreativität sowieso nicht erwünscht ist oder unsere Liebe nicht erwidert wird. Da steht dann (für uns unsichtbar, aber für andere unbewusst sichtbar) auf unserer Stirn geschrieben: »Ich weiß, was ich wert bin« oder aber »Ich habe Angst vor Ablehnung«. Unsere Erwartungen und das Gesetz der Resonanz führen dann zur »Reinszenierung« unserer primären Erfahrung.

Vielleicht kennst du das auch, immer wieder die gleiche Geschichte zu erleben. Du bekommst einen neuen Chef vor die Nase gesetzt, der dich ständig grundlos runterputzt. Du

Das primäre Szenario

wechselst die Firma, und es dauert nicht lange, bis auch dort dein Chef mit deiner Leistung nicht mehr zufrieden ist. Das primäre Szenario dahinter ist vermutlich die Ablehnung, die du durch deinen Vater erlebt hast und die du mit deinem Chef »reinszenierst«. Doch warum? Damit du durch diese wiederkehrenden Erfahrungen erkennst, was *wirklich* dahintersteckt und Frieden machen kannst mit der Vergangenheit. Den Vater hast du dir vor langer Zeit ja selber ausgesucht, um Selbstwert zu lernen. Und all deine Chefs stellen sich dir als »Arschengel« zur Verfügung, um dich an deine selbst gewählte Lernaufgabe für dieses Leben zu erinnern.

Unsere »negativen« Prägungen in Form unserer primären Szenarien sind Themen, die uns immer wieder begegnen und uns Lebensfreude und Kraft rauben. Unser Wesenskern, also das Seelenpotenzial, ist bis dahin unter einer Menge Zwiebelschichten begraben. Aber spätestens in der Lebensmitte, wenn wir eines Tages sozusagen in Form unserer dicken Zwiebel vor dem Spiegel stehen und uns in die Augen sehen, erkennen wir, dass wir viel mehr sind als das. Das ist der Moment, wo viele Menschen beginnen, sich mit Persönlichkeitsentwicklung zu beschäftigen. Sie tun es, weil sie Sehnsucht spüren, nach dem Kern der Zwiebel, nach ihrem wahren Selbst, nach ihrer Seele. Um dort wieder hinzukommen, müssen wir bildlich gesprochen die Zwiebel schälen und Schicht für Schicht abtragen.

Nach meiner Erfahrung haben die meisten Menschen drei entscheidende primäre Szenarien, die den Kontakt mit ihrer Seele erschweren und die dicksten Schichten der Zwiebel darstellen. Drei Lernthemen, die ihnen im Leben immer wieder begegnen und die es gilt zu lösen.

Die roten Fäden in deiner Biografie erkennen

Am einfachsten kannst du die roten Fäden in deiner Biografie erkennen, wenn du dir eine Übersicht über dein bisheriges Leben erstellst. In dieser Übersicht geht es um die wichtigsten Stationen und Erfahrungen von der Kindheit bis heute. Nimm dir dafür ein großes Blatt und unterteile das Blatt in Spalten mit Jahrzehnten, entsprechend deiner bisherigen Lebensjahre. Beginne mit dem Jahrzehnt deiner Geburt und gib den nächsten Spalten die Überschrift des jeweils folgenden Jahrzehnts. In die einzelnen Spalten trägst du dann alle bedeutsamen und prägenden, alle besonders schönen und besonders schlimmen Ereignisse ein, die im entsprechenden Zeitraum stattgefunden haben. Kindergarten, Schulzeit, Ausbildung, Studium, Unfälle, Krankheiten, Geburt (oder Tod) von Geschwistern, besondere Geschehnisse in der Familie, Tod der Eltern oder Großeltern, Freundschaften, Liebesbeziehungen und deren Ende, Zeiten in Cliquen und Vereinen, die dir wichtig waren, Jobs, berufliche Erfolge und Misserfolge, Umzüge, wichtige Entscheidungen und so weiter. Der Sinn dieser Aufgabe ist, dass du das, was dir bisher möglicherweise noch zusammenhangslos vorkommt, auf einen Blick sehen kannst. Dadurch kannst du erkennen, wo sich Themen wiederholen und auch, wo sie als primäres Szenario in diesem Leben ihren Anfang nahmen. Als Psychologin bin ich ein großer Freund davon, erst alles in diesem Leben aufzuräumen und zu befrieden, bevor man sich den früheren Leben zuwendet. Doch wenn du für etwas Schlimmes, das dir wiederholt begegnet oder passiert ist, nach allem Drehen und Wenden kein primäres Szenario in diesem Leben findest, gibt es eine hohe Wahrscheinlichkeit, dass es aus einem früheren Leben stammt und dann kannst du es dort – zum Beispiel durch eine Seelenreise oder Rückführung – endlich heilen.

Wenn du dir dein Leben nun auf einen Blick ansiehst, was war besonders prägend in deinen ersten Lebensjahren? Musstest du als kleines

Kind für Tage alleine ins Krankenhaus und hattest höllische Angst, weil deine Eltern nicht bei dir sein konnten? Hattest du, als dein kleiner Bruder geboren wurde, plötzlich das Gefühl, abgemeldet oder weniger wichtig zu sein? Oder hat dir im Kindergarten ein älterer Junge dein Spielzeug weggenommen und du konntest dich nicht wehren und erinnerst dich noch immer an dieses schreckliche Gefühl?
Wo findest du in deinem Leben diese primären Erfahrungen wieder?
Fehlt dir das Urvertrauen und hast du furchtbare Angst, allein sein zu müssen, wirst aber (gerade deswegen) immer wieder von deinen Partnern verlassen? Hast du das Gefühl, nur die zweite Geige zu spielen, weil es immer jemanden gibt, der besser oder wichtiger ist als du? Oder fühlst du dich noch immer hilflos, wenn ein »Stärkerer« dich übervorteilt?
- Was hat dich in der frühen Kindheit besonders geprägt?
- Welche roten Fäden kannst du in deinem Leben erkennen?
- Welche Ereignisse oder Themen tauchen immer wieder auf?

Schreib alles auf, was dir dazu einfällt und lass das Ganze ruhig ein paar Tage liegen. Dann werden dir vermutlich noch weitere Gedanken und Erinnerungen dazu in den Sinn kommen.

Deine drei wichtigsten Seelen-Lernaufgaben

Du hast jetzt die Lernaufgaben deiner Seelenrolle, deines Archetyps in diesem Leben und die roten Fäden aus deiner Biografie zusammengetragen. Schreib sie alle noch einmal zusammen auf, so dass du sie auf einen Blick sehen kannst und lass sie dann auf dich wirken.
- Welche Zusammenhänge fallen dir auf?
- Was wiederholt sich in gleichen oder ähnlichen Worten?
- Welche gemeinsamen Überschriften kannst du dafür finden?

Entscheide dich für die drei Lernaufgaben oder Überschriften, bei denen du die meiste Resonanz spürst. Bei denen du das Gefühl hast: »Das ist es«. Das werden nicht unbedingt die angenehmsten sein. So ist das nun mal mit Lernaufgaben. Sie fühlen sich an wie Herausforderungen und sie sind es auch. Aber sie gehören zu dir und wollen bearbeitet und integriert werden, damit deine Seele wirklich vorankommen und heilen kann. Und denk daran: Was deine Seele sich für dieses Leben vorgenommen hat, das kann sie auch erreichen. Sie beziehungsweise du musst das nicht alleine tun, sondern du bekommst zu allen Zeiten dabei Unterstützung von deinen Helfern aus der geistigen Welt. Bitte sie einfach darum. Sie stehen immer bereit. Denn das ist ihre Bestimmung.

7. Schritt:
Der Seelen-Navigator auf einen Blick

Um die Erkenntnisse, die du jetzt über dich, dein Leben und deine Seele zusammengetragen hast, ab sofort als hilfreiche Orientierung verwenden zu können, fasst du sie zuerst so zusammen, dass du sie auf einen Blick sehen kannst. Dazu nimmst du dir ein möglichst großes Blatt und trägst darauf in Form einer Mindmap alles ein, was du dir in den bisherigen Schritten deines Seelen-Navigators erarbeitet hast. Hinzu kommt die Frage, die du dir aktuell stellst. Das Feld kannst du aber auch vorerst noch leer lassen, richte dir nur gedanklich oben auf deinem Zettel einen Platz dafür ein.

Das kann dann in etwa so wie bei mir aussehen:

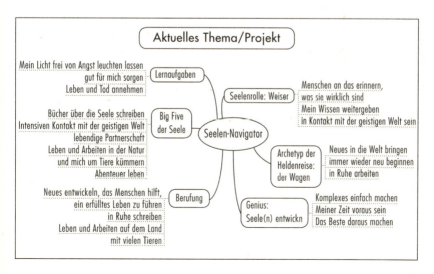

Bevor du weiterliest, erstelle deinen eigenen Seelen-Navigator und tritt dann innerlich einen Schritt zurück. Lass deine Übersicht einfach eine Weile auf dich wirken. Das bist du. Dein Potenzial. Deine Kernthemen. Mit all deinen ganz besonderen, einzigartigen Facetten in diesem Leben. Eine unsterbliche, unendliche, wundervolle Seele auf ihrem Weg zurück nach Hause.

Dein Seelen-Navigator ermöglicht dir ab sofort, jede Frage, die dir in deinem Leben begegnet, mit deiner Seele abzugleichen.
Ist mein aktueller Job der richtige für mich?
Nehme ich das Angebot für den neuen Job an?
Mache ich mich selbstständig?
Ist das das richtige Thema für mich?
Ist mein aktueller Partner der/die richtige, um mein volles Potenzial zu leben und mich bei meinen Seelen-Themen zu unterstützen?
Ist das der richtige Wohnort für mich?
Das richtige Projekt?
Ein stimmiges Hobby?
Das richtige Reiseziel?

Beispiel für die Anwendung des Seelen-Navigators

Angenommen, ich möchte jetzt wissen, ob es im Sinne meiner Seele ist, weitere Bücher über die Seele, über Berufung, Bestimmung, Potenzial und so weiter zu schreiben (ja, ich weiß, ich habe schon erwähnt, dass ich das auf jeden Fall tun werde, aber es ist ein gutes Beispiel, um dir zu zeigen, wie ich die Analyse meine). Dann schreibe ich diese Frage oben auf mein Blatt mit dem Seelen-Navigator und gehe im Uhrzeigersinn alle Stichworte durch. Ich beginne rechts oben, direkt unterhalb meines Themas und frage mich dann so:

Erfülle ich damit die Aspekte meiner Seelenrolle als Weiser?
- Menschen an das erinnern, was sie wirklich sind
- Mein Wissen weitergeben
- In Kontakt mit der geistigen Welt sein

Passt das zu der mittleren, erlösten Energie meines Archetyps Wagen?
- Neues in die Welt bringen
- Immer wieder neu beginnen
- In Ruhe arbeiten

Lebe ich damit die Anteile meines Genius »Seele(n) entwickeln«?
- Komplexes einfach machen
- Meiner Zeit voraus sein
- Das Beste daraus machen

Lebe ich damit die wichtigsten Aspekte meiner Berufung?
- Neues entwickeln, das Menschen hilft, ein erfüllteres Leben zu führen
- In Ruhe schreiben
- Leben und Arbeiten auf dem Land mit vielen Tieren

Führt mich das näher zu den Big Five meiner Seele?
- Bücher über die Seele schreiben
- Intensiver Kontakt mit der geistigen Welt
- Eine vertrauensvolle, lebendige, intensive Partnerschaft leben

- Leben und arbeiten in der Natur und mich um Tiere kümmern
- Abenteuer leben

Heile oder bearbeite ich damit eine oder mehrere meiner Lernaufgaben für dieses Leben?
- Mein Licht frei von Angst leuchten lassen
- Gut für mich sorgen
- Das Leben annehmen

Und ganz grundsätzlich zum Abschluss bei jedem Thema und jeder Frage: Wenn ich das tue, habe oder bin,...
- dient es dazu, mein volles Seelenpotenzial zu leben?
- drückt es mehr von dem aus, was ich wirklich bin?
- dient es meiner Entwicklung?

Alles, was ich mit Ja beantworten kann, habe ich auf meinem Seelen-Navigator farblich markiert. Das sieht am Ende so aus (hier stattdessen *kursiv* gesetzt):

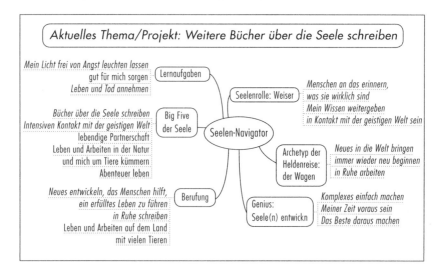

Und, was soll ich sagen, weitere Bücher zu schreiben scheint eine sehr gute Idee für mich zu sein und dem Plan meiner Seele für dieses Leben absolut zu entsprechen. Wenn ich es also nicht schon längst vorgehabt hätte, würde ich mich spätestens jetzt dafür entscheiden. Wichtig ist für mich dabei allerdings zusätzlich, dass ich weiter auf dem Land lebe und mich für Tiere engagiere. Das Ganze mitten in einer Stadt und ohne Tiere um mich herum zu tun, würde meiner Seele nicht entsprechen und wäre für mich heute auch absolut undenkbar. Und dass ich genug Pausen dabei einplane, ist auch wichtig, um gut für mich zu sorgen. Es passt alles gut zusammen. Die Tiere, die lebendige Partnerschaft und die Pausen haben mit dem Schreiben allerdings nicht direkt etwas zu tun, darum habe ich sie auf der Übersicht nicht markiert.

 ## Wie du mit deinem Seelen-Navigator arbeitest

Nach dem gleichen Schema kannst du jetzt deinen eigenen Seelen-Navigator durchgehen. Wähle ein Thema, zum Beispiel deinen aktuellen Job, und gleiche es mit den Aspekten deiner Seele so ab, wie ich es dir hier vorgemacht habe. Je mehr Fragen du bei einer Runde bejahen kannst, desto mehr entspricht ein Vorhaben den Bedürfnissen, Potenzialen, Wünschen und Aufgaben deiner Seele. Beim Seelen-Navigator geht es allerdings nicht zwangsläufig darum, dass jeder einzelne Teil, jeder Begriff immer *komplett* zu dem passt, was du überprüfen willst, sondern dass es sich am Ende gut und richtig anfühlt, wenn du alle Schritte durchgefragt hast und es möglichst viele Übereinstimmungen gibt.

Alles, was du dir vornimmst, kannst und solltest du mit deinem Seelen-Navigator vorab überprüfen. So verhinderst du, dass du Ziele verfolgst, die aus deinem Ego stammen und dich von deinem Seelenweg eher entfernen, und kannst stattdessen deine ganze Energie auf die Ziele richten, die wirklich zu dir und deiner Seele passen. Je bewusster du mit deiner Seele in Verbindung bist und ihren Weg gehst, desto glücklicher und erfolgreicher wirst du sein. Das ist es, wonach sich alle Menschen tief im Innersten sehnen. Du hast es jetzt in der Hand.

 Deine Essenz – den Seelen-Navigator verdichten

Nun gehst du noch einen Schritt weiter und verdichtest abschließend deinen Seelen-Navigator auf seine drei Hauptaussagen. Das kannst du systematisch tun, indem du schaust, welche Begriffe oder Überschriften sich wiederholen. Oder du kannst dich von deiner Seele dabei leiten lassen, die »richtigen« drei Sätze oder Begriffe zu finden. Probiere es einfach aus, spiele ein bisschen damit herum. So lange, bis du das Gefühl hast, es passt. Das wirst du spüren.

Das ist zwar nur ein kleiner Schritt und wirkt wie keine große Sache, es kann aber für dein tägliches Leben sehr nützlich und für dein Selbstverständnis sogar entscheidend sein. So bringst du dich und dein wahres Selbst in diesem Leben auf den Punkt und weißt wirklich, *wer* und *warum* du bist.

Meine Essenz in diesem Leben als Angelika Gulder ist:
1. Seele(n) entwickeln
2. Wissen weitergeben
3. Mein Licht leuchten lassen

Es gibt mir tiefe innere Ruhe und das Gefühl großer Kraft, das so zu formulieren und die Wahrheit darin zu spüren, und ich wünsche auch dir, das zu erleben. Wenn jeder von uns weiß, wer er ist und was der Zweck seiner Existenz ist, können wir gemeinsam das Leben hier für alle zum Himmel auf Erden machen.

3. Teil

Den Weg der Seele gehen

Drei Wege zum Glück

Du hast jetzt (so hoffe ich zumindest inständig) große oder wenigstens größere Klarheit über dich selbst, deine Seele und deinen Seelen- und Lebensweg erhalten. Dein Seelen-Navigator kann dir nun für alle Zeit in diesem Leben als Richtschnur dienen.

Allzu oft geht dieses neue Wissen im Alltag allerdings wieder unter. Das wäre aber nicht nur schade, sondern eine echte Verschwendung deines Seelenpotenzials. Natürlich hast du unendlich viele Leben Zeit, dich zu entwickeln und dich deinen Lernaufgaben zu stellen. Niemand hetzt dich. Niemand drängt dich. Und auch deine Seele selbst und die geistige Welt warten geduldig, bis du bereit bist und sie einlädst, um dich dann vorbehaltlos auf deinem Weg zu unterstützen. Doch warum warten? Warum nicht jetzt? Gleich ab heute?

Was hast du für dich erkannt? Was bedeutet das für deinen Job, deine Partnerschaft, deinen Lebensraum, die Rahmenbedingungen deines Lebens? Was genau willst du jetzt anders und mehr im Sinne deiner Seele tun?

Du liest es schon aus meinen Worten heraus: Jetzt wird es ganz konkret. Dein Glück im täglichen Leben findest du, wenn du dich immer wieder an deiner Seele orientierst und ausrichtest. Jeden Tag aufs Neue. Und dafür gibt es drei an sich ziemlich einfache Wege. Die zeige ich dir hier im dritten Teil dieses Buches. Du kannst sie alle nutzen (und das empfehle ich auch sehr), aber du kannst auch nur einen oder zwei davon wählen.

So, wie es eben jetzt, hier und heute in dein Leben und vor allem auch zur Struktur deiner Seele passt.

Die drei Wege sind
- Erkenntnisse in Ziele umwandeln
- Die Visualisierung des Seelen-Navigators
- Die geistige Welt um Hilfe bitten

Erkenntnisse in Ziele umwandeln

Ich nehme an, du hast mehrere, große oder auch etwas weniger große Erkenntnisse an unterschiedlichen Stellen beim Erarbeiten deines Seelen-Navigators gehabt. Aus diesen leitest du gleich konkrete Ziele ab. Das ist Fleißarbeit. Und ganz wichtig, damit aus Theorie Praxis wird. Was ich meine, zeige ich dir wieder an einem eigenen Beispiel.

Die fünf wichtigsten Erkenntnisse aus meinem Seelen-Navigator waren:
- Ich bin bereits die meiste Zeit auf dem Weg meiner Seele, hurra!
- Ich lebe meine Berufung und werde das auch weiter tun.
- Ich will und werde weitere Bücher schreiben, denn das ist Teil meines Seelenplans.
- Ich arbeite immer noch zu viel und genieße das Leben zu wenig.
- Ich will mich noch mehr um Tiere kümmern.

Ich picke hier den Punkt heraus: »Ich arbeite immer noch zu viel«.

Beim Betrachten meines Seelen-Navigators ist mir klar geworden, dass ich – obwohl ich schon den Fuß vom Gas genommen habe (um beim Bild meines Archetyps Wagen zu bleiben) – noch immer viel zu viel arbeite. Und das wenn möglich ohne Pause. Urlaub brauche ich doch nicht. Und falls es sich mal gar nicht vermeiden lässt, nutze ich ihn natürlich nur, um noch mehr und ausnahmsweise ungestört arbeiten zu können.

Mein Seelen-Navigator zeigt zwar durchaus, dass ich gerne und viel arbeite und das auch soll, aber er zeigt auch deutlich, dass meine Seele sich nach mehr Ruhe sehnt (die meinem Körper nebenbei auch nicht schaden würde). Ruhe, nicht nur, um wie bisher neue Projekte zu entwickeln, sondern auch, um das Leben zu genießen und zum Beispiel mehr Zeit für das Umsorgen meiner Tiere zu haben (das empfinde ich nicht als Arbeit, das tut meiner Seele gut). Tja, und weder Ruhe noch mir Zeit für mich zu nehmen, waren bis zu dieser Erkenntnis Teil meines täglichen Lebens. Es ist eine meiner größten Lernaufgaben, gut für mich zu sorgen. Und manchmal »muss« man sich eben zum eigenen Glück »zwingen«. Das gelingt durch gut gewählte Ziele, die mit den eigenen Seelenbedürfnissen übereinstimmen.

Es geht also darum, mir mehr Ruhe zu gönnen und besser für mich zu sorgen.
Was heißt das ganz konkret?
- bei der Jahresplanung nicht nur Arbeitstermine, sondern auch gezielt Zeiten für mich selbst fest einplanen
- in dieser Zeit Dinge tun, die meiner Seele guttun
- dadurch auch mehr Zeit für meine Tiere haben und mehr Tiere aufnehmen können

Wie genau setze ich das um und bis wann?
- Ich trage tägliche kurze Pausen in meinen Outlook-Kalender ein und lasse mich daran automatisch erinnern (umgesetzt bis zum Wochenende).
- Pro Woche lege ich einen freien Tag fest, trage ihn in den Kalender ein und lasse an diesem Tag den PC aus (umgesetzt bis Ende nächster Woche).

- Pro Quartal plane ich ein freies Wochenende ein und trage es in den Kalender als »frei« ein (umgesetzt bis Ende nächster Woche).
- Fürs nächste Jahr plane ich eine Woche Urlaub ein (ich will es ja nicht gleich übertreiben) und organisiere die Tierversorgung dafür (bis Ende des Monats).
- Ich erstelle eine Liste von Dingen, die meiner Seele guttun (bis morgen Abend).
- Ich setze mich mit Tierheimen aus der Region in Verbindung und plane Räumlichkeiten für mehr Tiere auf dem Anwesen (bis Jahresende).

Deine Ziele formulieren

Ist dir klar geworden, was ich meine? Dann nimm jetzt deinen Seelen-Navigator zur Hand. Betrachte die einzelnen Bereiche, lies die wichtigsten Aufzeichnungen dazu durch und schau auch noch einmal auf die Essenz deiner Seele.

Wo und wie kannst du noch mehr dem Ruf deiner Seele folgen? Was willst du anders machen als bisher? Was kannst du tun, um noch mehr von deinem Potenzial zu leben? Was sind die wichtigsten Erkenntnisse aus deinem Seelen-Navigator?

Notiere alles, was dir dazu einfällt. Nimm dir dafür auf jeden Fall ausreichend Zeit.

Und dann frage dich im nächsten Schritt:

Was heißt das ganz konkret
- für meinen Beruf/meine Berufung?
- für mein Privatleben?
- für meine persönliche Entwicklung?

Im Anschluss notierst du dir für jeden Punkt genau, wie du ihn umsetzen kannst. Und – ganz wichtig – bis wann. Formuliere deine Wünsche und Ziele so präzise wie möglich. Und sorge dafür, dass du sie immer im Blick hast, indem du sie in deinen Kalender einträgst oder einen anderen Weg findest, dich täglich daran zu erinnern und ihnen jeden Tag ein Stück (und wenn es nur ein winzig kleines ist) näher zu kommen. Eine ganz wunderbare Möglichkeit, um deine Seelenbedürfnisse im Blick zu behalten, ist übrigens die Erstellung von Collagen. Die zeige ich dir hier darum als Nächstes.

Visualisierung des Seelen-Navigators

Eins meiner absoluten Erfolgsrezepte für ein glückliches und erfülltes Leben ist seit vielen Jahren die Erstellung von Collagen. Jedes Jahr zwischen Weihnachten und Neujahr formuliere ich meine Ziele und Wünsche fürs kommende Jahr und halte sie in Bildern fest. Was das bringt? Sehr viel! Natürlich, nicht alle Träume erfüllen sich sofort, nicht alle Ziele werden realisiert. Manche werden auch im Lauf des Jahres weniger wichtig oder durch neue ersetzt. Wenn ich aber zurückblicke, sind mehr als neunzig Prozent in den letzten 36 Jahren tatsächlich wahr geworden – und zum Teil ganz genau so, wie ich es auf meiner Collage in Bildern skizziert hatte. Die Voraussetzung dafür ist, dass die in Bildern dargestellten Ziele und Wünsche auch wirklich aus der eigenen Seele stammen und nicht aus dem Verstand oder dem Ego. In dem Fall funktioniert es nämlich (zum Glück) nicht.

Nachdem du alle Übungen hier im Buch bearbeitet und nun Klarheit über die Bedürfnisse, Wünsche und Ziele deiner Seele gefunden hast, kannst du jetzt ganz unterschiedliche Collagen erstellen.

- Zum Beispiel eine unterstützende Collage, die ganz grundsätzliche Bilder für deinen Seelenweg beinhaltet. Das ist sozusagen ein Bild deiner eigenen Seele, das dich langfristig begleiten kann.
- Zusätzlich kannst du in jedem Jahr (oder wann auch immer es sich für dich stimmig anfühlt) eine Collage mit konkreten Zielen erstellen, die du aus deinem Seelen-Navigator abgeleitet hast.

- Oder du erstellst eine Collage, auf der sowohl deine grundsätzlichen Seelenbedürfnisse als auch deine aktuellen Ziele ihren Platz finden.

Eine Collage erstellen

Und so geht es praktisch: Nimm dir ein paar Stunden Zeit, einen möglichst großen Fotokarton oder ein Flipchart-Blatt, eine Schere, Klebstoff und so viele Magazine und Zeitschriften wie möglich (kleiner Tipp: Wohn- und Frauenzeitschriften haben deutlich mehr »Seelenbilder« als zum Beispiel Wirtschaftsmagazine). Dann blättere die Zeitschriften durch und schneide alle Bilder oder Symbole aus, die dich – passend zu deinem Seelen-Navigator beziehungsweise zu deinen formulierten Zielen – positiv ansprechen. Sortiere die Bilder auf dem Fotokarton und schiebe sie so lange hin und her, bis du das Gefühl hast, jedes Bild ist an seinem Platz. Dann klebe sie auf. Manche Kunden schreiben mir, dass sie richtige Kunstwerke daraus machen und sie in einem Bilderrahmen oder sogar auf einer Staffelei ausstellen. Es geht bei der Erstellung deiner Collage allerdings nicht um »schön« oder »perfekt«. Hauptsache, sie fühlt sich für dich stimmig und motivierend an.

Und noch eine Sache ist dabei ganz wichtig: Wähle nur solche Bilder aus, die das ausdrücken, was du haben oder erreichen möchtest. Das Unterbewusstsein funktioniert in erster Linie über Bilder und versteht weder das Wort »nicht« noch etwas Durchgestrichenes. Wenn du zum Beispiel so wie ich lernen willst, mehr Pausen zu machen und besser für dich zu sorgen, solltest du kein Hamsterrad aufkleben und durchstreichen, sondern eher Bilder von tiefenentspannten Menschen, die es sich gut gehen lassen.

Eine Collage erstellen

Wenn du deine fertige Collage nun anschaust, wirst du vermutlich Glück und motivierende Energie spüren, denn das bist jetzt ganz und gar du. Deine Seele und deine tiefsten Bedürfnisse. Natürlich solltest du die Collage jetzt auch so oft wie möglich sehen können. Hänge sie dazu an einem Ort auf, wo du dich häufig aufhältst oder nimm sie jeden Abend kurz zur Hand und ihre Bilder auf diese Weise mit in deine Träume. Dann kann dein Unterbewusstsein sogar noch im Schlaf für dich aktiv werden. Deine Seele tut das ja sowieso.

Die geistige Welt um Hilfe bitten

Je näher du dem Plan deiner Seele bist, desto leichter und lichtvoller wird dein Leben als Ganzes. Das heißt nicht, dass du dann nie wieder unangenehme oder sogar furchtbare Dinge erlebst. Deine Seele hat sich sicher noch einiges für dieses Leben vorgenommen, und es ist vermutlich auch noch genug Karma da, das abgetragen werden will. Aber insgesamt fühlst du dich – ganz gleich, was geschieht – stimmig und zufrieden. Wichtig ist dabei zu wissen: dich auf deinem Seelenweg zu befinden, erlebst du als stilles Glücksgefühl tief in deinem Inneren. Wenn du vor Freude hüpfst und jubilierst, kann das daher kommen, dass du auf dem richtigen Weg bist. Aber es kann auch Ausdruck deines Egos sein. Deine Seele freut sich eher leise. Je weiter du dich allerdings vom Plan deiner Seele für dieses Leben entfernst, desto mehr wird deine Seele sich bemühen, dich darauf hinzuweisen.

Die Zeichen der Seele

Deine Seele schickt dir vom ersten bis zum letzten Augenblick deines Lebens Zeichen. Bewegst du dich auf deinem Seelenweg, geht es dir gut, auch wenn das Leben gerade nicht voll Sonnenschein ist. Weichst du ab von deinem Weg, empfindest du Zweifel, Unsicherheit, eine diffuse Sehnsucht oder Unzufriedenheit. Zu Beginn erhältst du zarte Erinnerungen in Form von Gedanken, Bildern oder Menschen, die dir begegnen. Achtest du nicht darauf, kommt irgendwann der Wink mit dem

Zaunpfahl von deiner Seele. Im schlimmsten Falle, wenn du die Hinweise zu lange ignorierst, wirst du womöglich sogar krank. Das ist oft der letzte Ausweg, um dich zum Umdenken zu bewegen.

Mein Umdenken kam vor vielen Jahren, als mein Verstand unbedingt wollte, dass ich angestellt arbeite und meine Seele verzweifelt nach Freiheit rief. Der erwähnte körperliche Zusammenbruch, durch den ich dann endlich aufgewacht bin, war die Folge. So weit musst du es zum Glück nicht kommen lassen, wenn du lernst, die Zeichen deiner Seele rechtzeitig zu erkennen und zu verstehen.

Warum erwähne ich die Zeichen deiner Seele hier bei der Hilfe aus der geistigen Welt? Weil es dabei nicht nur um deinen Seelenanteil im Irdischen geht, also den Teil, der deinen Körper in diesem Leben beseelt, sondern vor allem um den »klügeren« Teil deiner Seele, um dein Höheres Selbst. Der Seelenanteil in deinem Körper macht sich über Gefühle bei dir bemerkbar. Er sorgt durch angenehme oder unangenehme Empfindungen dafür, dass du deinen Kurs einhältst beziehungsweise korrigierst. Der sicherste Weg, um Informationen von deinem Seelenanteil zu erhalten, ist, dir eine Frage zu stellen und dann darauf zu achten, ob dein Herz (genauer, dein Herzchakra, aber nennen wir es der Einfachheit halber Herz) weit oder eng wird. Ist dein Vorhaben richtig und stimmig, wird sich dein Herz weiten. Weicht es ab von deinem Seelenweg, wird dein Herz sich eng anfühlen. Probiere es einfach mit einem nicht ganz so schwerwiegenden Thema aus. Wenn du merkst, dass es funktioniert, kannst du dich den größeren Fragen zuwenden.

Auf dein Herz zu hören ist übrigens nicht dasselbe wie das viel gepriesene Bauchgefühl, auf das im Zusammenhang mit Intuition so oft hingewiesen wird. Dein Bauchgefühl stammt vor allem aus deinen gesammelten Erfahrungen aus diesem

Leben und wird dich darum häufig in die Irre fühlen. So kann sich etwas per Bauchgefühl gut anfühlen, aber dein Herz wird eng dabei. Oder beim Gedanken an etwas bekommst du ein blödes Gefühl im Bauch, wenn du dich aber auf dein Herz konzentrierst, wird es weit. Im Zweifel folgst du am besten deinem Herzen. Dann bist du deiner Seele am nächsten und auf der sicheren Seite.

Dein Höheres Selbst äußert sich durch ein ruhiges, tiefes, stimmiges Gefühl, das so zart ist, dass du es im Alltag im Normalfall nur selten wahrnimmst. Es fühlt sich weder gut noch schlecht an, weder weit noch eng, sondern stark und klar, oft sogar kühl. Idealerweise solltest du dein Höheres Selbst darum direkt ansprechen, um die gewünschten Impulse oder Antworten zu erhalten und ganz sicherzugehen, dass sie aus deinem allerhöchsten Wissen stammen.

Kontakt mit dem Höheren Selbst aufnehmen

Um Kontakt mit deinem Höheren Selbst aufzunehmen, bedarf es etwas Übung, doch es ist wie mit dem Fahrradfahren oder Sprachenlernen auch. Wenn du es oft genug trainiert hast, geht es fast wie von selbst, und du musst nicht mehr darüber nachdenken. Zu Beginn brauchst du allerdings eine klare Anleitung und viele Wiederholungen, bis es dir im wahrsten Sinne des Wortes in Fleisch und Blut übergeht.

Wie kannst du sicher sein, ob du wirklich mit deinem Höheren Selbst verbunden und in Kontakt bist? Achte darauf, was sich dabei in deinem Körper verändert. Ich fühle zu Beginn ein Prickeln am ganzen Körper, dann fühlt es sich so an, als hätte sich ein Lichtkreis um meinen Kopf angeschaltet. Ein Gefühl von Klarheit stellt sich ein, und ich werde äußerlich und innerlich ganz ruhig. In diesem Zustand verweile ich ein bisschen (weil es sich so schön anfühlt) und stelle dann erst meine Fragen.

Dein Höheres Selbst ist übrigens auch die erste Adresse, wenn es um den Kontakt zu anderen geistigen Wesen geht. Natürlich kannst du dich auch direkt an deine Geistführer oder Schutzengel wenden. Doch gerade am Anfang, wenn du darin noch ungeübt bist oder dich unklar ausdrückst, kannst du auch woanders landen, was dich vermutlich eher verwirren würde (und was bei vielen dazu führt, dass sie den Kontakt wieder aufgeben). Darum ist die sicherste Variante, immer über dein Höheres Selbst zu gehen.

Jeder Kontakt mit dem Höheren Selbst oder anderen Wesen aus der geistigen Welt ist vergleichbar mit dem Einschalten eines Radios und dem Einstellen des Senders. Wenn es im Raum zu laut ist, kannst du das Radio nicht hören, egal, welcher Sender läuft. Das Wichtigste ist darum, zuerst die Nebengeräusche auszublenden beziehungsweise abzuschalten. Dazu entspannst du als Erstes deinen Körper und deinen Geist. Dann geht es darum, den richtigen Sender einzustellen, also ganz klar zu definieren, was oder wen man hören will. So wie die Radiowellen immer um uns sind, ob das Radio nun eingeschaltet ist oder nicht, so ist auch die Energie der geistigen Welt immer in und um uns. Doch erst, wenn wir uns dafür entscheiden, »auf Empfang« zu gehen, können die Informationen aus der geistigen Welt uns klar erreichen.

Anleitung zur Kontaktaufnahme mit dem Höheren Selbst

Es gibt unzählige Möglichkeiten, in Kontakt mit der geistigen Welt zu kommen. Dabei gibt es allerdings eine Menge zu beachten. Die folgende Anleitung für den Kontakt mit dem

Höheren Selbst und der geistigen Welt hat sich für mich und viele meiner Kunden und Seminarteilnehmer in den letzten Jahren sehr bewährt und beinhaltet alle wichtigen Aspekte. Mit ihr kannst du es einfach ausprobieren und brauchst dir keine Gedanken zu machen, ob du auch ausreichend »geschützt« bist (eine Frage, die ich oft gestellt bekomme, ist, ob es sicher ist, sich mit der geistigen Welt zu verbinden) und ob du an alles gedacht hast.

Der Ablauf ist immer der gleiche, egal, ob du mit deinem Höheren Selbst in Kontakt treten oder dich an deinen Geistführer oder eine andere Wesenheit aus der geistigen Welt wenden willst.

1. Als Erstes findest du für dich einen ruhigen Ort, an dem du eine Weile bequem aufrecht sitzen kannst, ohne gestört zu werden. Es ist dabei nicht so wichtig, dass du kerzengerade sitzt, falls dir das nicht guttut. Je öfter du übst, desto mehr wirst du dich ganz von selbst aufrichten.
2. Dann nimmst du ein paar tiefe Atemzüge, bei denen du länger aus- als einatmest. Das senkt deinen Stresslevel und entspannt automatisch deinen Körper, ist also die beste Einstimmung.
3. Dann spürst du ganz bewusst deinen Körper und nimmst deine Emotionen und Gedanken wahr. Dieser Schritt stammt aus dem Achtsamkeitstraining und ist eine gute Vorbereitung für die Erdung, die gleich danach kommt.
4. Als Nächstes konzentrierst du dich auf deine Fußsohlen und stellst dir vor, dass Wurzeln aus ihnen bis zur Erdenmitte wachsen. Falls ein anderes Bild besser für dich passt, nimm das. Wichtig ist, dass du dich an dieser Stelle ganz bewusst mit der Erde verbindest, um nicht »abzuheben«. Ich selbst konnte am Anfang nicht loslassen, ohne dass mich jemand

an der Hand gehalten hat, so sehr fühlte es sich in mir so an, als ob ich beim Meditieren abheben und nicht mehr wiederkommen würde. Durch Erdung hat sich das komplett verändert.
5. Dann konzentrierst du dich ganz bewusst auf dein Herz und lässt von dort aus ein goldenes Licht sich in dir und über dich hinaus ausbreiten. Dadurch verbindest du dich mit deinem irdischen Seelenanteil. Es erhöht deine Energie und stärkt deine Aura, so dass du automatisch »geschützt« bist, während du dich gleich noch mehr öffnest.
6. Als Nächstes nimmst du bewusst Kontakt mit deinem Höheren Selbst auf. Dieser Kontakt erfolgt in den meisten Fällen spürbar über das Kronenchakra, das ist die höchste Stelle ganz oben auf deinem Kopf. Hier sind unterschiedliche Energieveränderungen möglich. Am besten erwartest du nichts und lässt dich einfach überraschen, wie es sich bei dir anfühlt.
7. Nun verbindest du dein Höheres Selbst mit deinem Herzen und mit der Erde und schaffst dadurch quasi einen Kanal zwischen Himmel und Erde. Das sorgt für eine stabile Leitung »nach oben«.
8. In dem Gefühl, mit deinem Höheren Selbst verbunden zu sein, kannst du dann einfach eine Weile sitzen. Es wird sich zu Beginn vermutlich anfühlen wie ein wiedergefundener Freund oder auch ein altes, vertrautes Gefühl, das du längst vergessen hattest und an das du dich nun wieder erinnerst.
9. Zum Schluss bedankst du dich bei deinem Höheren Selbst, orientierst dich wieder an deinem Körper, der auf dem Stuhl sitzt und kommst zurück ins Hier und Jetzt.

Diese neun Schritte solltest du immer durchführen. Ganz gleich, worum es geht. Du arbeitest dich damit sozusagen von unten nach oben vor beziehungsweise von außen nach innen. Zuerst konzentrierst du dich dabei ganz auf deinen Körper und die Gegenwart und erdest dich (Erdung ist sehr, sehr wichtig, das wird oft vergessen und kann zu unangenehmen Erfahrungen führen). Erst dann nimmst du Kontakt mit deiner Seele auf (das ist die erste Energieanhebung durch den Kontakt zum Seelenanteil in deinem Körper) und dann mit deinem Höheren Selbst (das ist die nächste Energieanhebung durch Kontakt zum weisen Teil deiner Gesamtseele). Hast du diesen Kontakt häufig genug »geübt«, kannst du beginnen, dem Höheren Selbst Fragen zu stellen. Und natürlich auch über das Höhere Selbst in Kontakt zu treten mit deinen anderen Helfern aus der geistigen Welt.

Anleitungstext
Den folgenden Text kannst du langsam und mit Pausen nach jedem Absatz auf dein Smartphone oder ein Diktiergerät sprechen oder dir von einer Person deines Vertrauens vorlesen lassen. Finde dazu einen ruhigen Ort, an dem du eine Weile bequem aufrecht sitzen kannst, ohne gestört zu werden.

Nimm ein paar tiefe, ruhige Atemzüge. Atme durch die Nase ein und zähle beim Einatmen bis vier, halte den Atem und zähle bis sieben und dann atme laut durch den Mund aus und zähle dabei bis acht. Auf vier einatmen durch die Nase, auf sieben den Atem halten, auf acht durch den Mund ausatmen. Vier einatmen. Sieben Atem halten. Acht ausatmen. Pause ...

Konzentriere dich auf deinen Körper. Spüre, wie du auf dem Stuhl sitzt. Fühle, ob und wo es im Körper Anspannung gibt. Tue nichts, um sie zu lösen, nimm sie einfach nur zur Kenntnis ...

Beobachte, wie es dir jetzt gerade geht. Beobachte auch deine Gedanken und lass sie kommen und gehen und weiterziehen ....

Konzentriere dich jetzt auf deine Fußsohlen und stell dir vor, wie aus ihnen Wurzeln bis zur Erdenmitte wachsen. Feine energetische Wurzeln, die dich tief mit der Erde verbinden, so dass du sicher und gelöst bist und dein Körper sich immer mehr entspannen kann. Du spürst, wie du tief mit der Erde unter dir verbunden bist ....

Konzentriere dich auf dein Herz und stell dir vor, darin ist eine goldene Lichtkugel, die sich mehr und mehr ausdehnt, bis sie deinen Körper wie ein Lichtball umhüllt. Genieße das wohlige Gefühl, ganz in diesem goldenen Licht zu sein und fühle, wie die helle, lichte Schwingung deinen Körper mehr und mehr entspannt ....

Bitte jetzt um Kontakt zu deinem Höheren Selbst und achte auf die Veränderung der Energie in deinem Körper und deinem Umfeld. Vielleicht spürst du, wie dein Kopf immer leichter und lichter wird, wie es hell wird und ganz leicht, während du im Zustand der sanften, reinen, klaren Energie bist ....

Schaffe nun einen klaren, reinen Kanal zwischen Himmel und Erde, indem du dein Höheres Selbst mit deinem Herzen und mit der Erde verbindest ....

Verweile nun so lange du möchtest in diesem entspannten, klaren Zustand und spüre, wie leicht und angenehm es ist, mit dir selbst und deinem höchsten Sein in Kontakt zu sein ....

Wenn du so weit bist, bedanke dich bei deinem Höheren Selbst, nimm ein paar tiefe Atemzüge, recke und strecke dich und komme in deinem Tempo wieder zurück ins Hier und Jetzt.

Dem Höheren Selbst Fragen stellen

Am Anfang ist die Versuchung groß, direkt loszufragen, und ebenso groß ist die Hoffnung, sofort glasklare Antworten vom Höheren Selbst zu erhalten. Die Meditation oben solltest du aber idealerweise erst einige Zeit geübt haben, bevor du beginnst, deinem Höheren Selbst Fragen zu stellen oder Kontakt zu anderen Wesen aus der geistigen Welt aufzunehmen.

Dein Höheres Selbst um Rat zu fragen, ist, wie den weisen, weiterentwickelten Teil deines Selbst zu befragen. Es ist ein Teil von dir (eigentlich bist du ein Teil von ihm, aber das wollen wir jetzt mal nicht so genau nehmen), der die Antworten auf all deine Fragen hat. Bist du im Kontakt, kannst du jede Frage stellen, die dich bewegt. Achte dabei darauf, dass deine Frage glasklar ist, damit auch die Antwort klar sein kann. Wenn du fragst, soll ich diesen oder jenen Job annehmen, wird die Antwort wahrscheinlich etwas kryptisch ausfallen. Fragst du aber, ob der eine Job zu deinem Seelenweg passt, wirst du vermutlich eine klare Information dazu erhalten. Doch in welcher Form? Das ist bei jedem Menschen ein bisschen anders. Ich selbst bekomme manchmal Bilder, manchmal höre ich auch ganze Sätze in meinem Inneren. Manchmal ist es aber auch so, dass ich die Antwort plötzlich einfach weiß, als wäre sie irgendwie in meine Gedanken eingesunken. Am besten lässt du dich einfach überraschen und nimmst es, wie es kommt, ohne etwas Besonderes zu erwarten.

Was kannst du dein Höheres Selbst fragen? Im Prinzip wirklich alles. Du kannst um Hinweise zu deinem Seelenweg bitten, du kannst es fragen, was die beste Dosierung für bestimmte Medikamente ist. Du kannst es auch fragen, was du am besten zu Abend essen sollst, damit es deinem Körper gut geht. Aus eigener Erfahrung weiß ich allerdings, je banaler die Frage ist, desto merkwürdiger fühlt es sich an, sie zu stellen. Dein Höheres Selbst wertet natürlich nicht und es verurteilt dich nie, ganz egal, was du wissen willst. Es steht für alle deine Fragen bereit. Ich sehe es aber ein bisschen so, wie wenn ich mit einem guten, weisen Freund sprechen würde. Da komme ich ja auch nicht mit jeder Kleinigkeit, sondern spreche die wichtigen Punkte an. So halte ich es mit meinem Höheren Selbst auch.

Anleitungstext
Wenn du deinem Höheren Selbst Fragen stellen willst, führst du die Meditation einfach wie unten beschrieben weiter fort. Am Anfang ist es sinnvoller, immer nur eine Frage zu stellen und geduldig auf Antworten zu lauschen, damit du nicht durcheinanderkommst. Falls du dir bei einem Aspekt (oder mehreren) deines Seelen-Navigators noch nicht hundertprozentig sicher bist, wenn du zum Beispiel noch immer zwischen der Seelenrolle des Diener/Heiler und des Handwerker/Künstler schwankst, oder wenn du bei deinem Genius oder deiner Berufung noch Zweifel hast, dann kannst du natürlich auch dazu dein Höheres Selbst um eine klare Antwort bitten.

Verweile nun so lange du möchtest in diesem entspannten, klaren Zustand und spüre, wie leicht und angenehm es ist, mit dir selbst und deinem höchsten Sein in Kontakt zu sein.

Stelle nun deine Frage an dein Höheres Selbst und bitte um eine klare Antwort dazu. Beobachte geduldig, wie sich die Energie verändert. Vielleicht entsteht ein anderes Gefühl in deinem Körper oder in deiner Umgebung. Vielleicht siehst du innere Bilder oder hörst innerlich eine Stimme. Vielleicht spürst oder weißt du die Antwort plötzlich wie von selbst. Lass dir Zeit und beobachte einfach, was geschieht. Pause ...

Wenn du so weit bist, bedanke dich bei deinem Höheren Selbst, nimm ein paar tiefe Atemzüge, recke und strecke dich und komme in deinem Tempo wieder zurück ins Hier und Jetzt.

Sei bitte nicht enttäuscht, falls es nicht gleich perfekt klappt mit der Kommunikation »nach oben«. Es geht für dich ja nicht darum, ein Medium zu werden, sondern darum, den Kontakt zu deinem Höheren Selbst zu stärken. Diese Verbindung ist etwas ganz und gar Natürliches, nichts, was du mühsam lernen müsstest. Du brauchst nur etwas Übung darin, deinen Geist und deinen Verstand zur Ruhe zu bringen, um diese innere Stimme wieder klarer hören, fühlen und ihr vertrauen zu können.

Der Kontakt zu deinem himmlischen Team

Wenn du geübt darin bist, dich mit deinem Höheren Selbst zu verbinden und Antworten zu empfangen, kannst du einen Schritt weiter gehen und zu den anderen Helfern aus der geistigen Welt Kontakt aufnehmen. Deinem Geistführer, deinem Schutzengel oder vielleicht auch deinem inneren Heiler. Deine Intention entscheidet darüber, mit wem du in Kontakt kommst. Du solltest dabei immer ein reines Herz und gute oder zumindest neutrale Absichten haben.

Gerade zu Beginn ist es meist eine ziemliche Herausforderung, deine verschiedenen Helfer aus der geistigen Welt genau zu erkennen und auseinanderzuhalten. Vermutlich hast du nicht wie ich ein Team, das du »die Jungs« nennen wirst. Vielleicht erscheinen bei dir Engel, weibliche Wesen, Krafttiere oder von allem etwas. Das ist alles möglich und gleichzeitig ist alles immer »nur« Energie, die sich uns zuliebe in einer Form zeigt, die wir besser annehmen und verstehen können.

Um unterscheiden zu können, mit wem du gerade in Kontakt bist, kannst du dir von jedem deiner Helfer in der geistigen Welt ein »Erkennungszeichen« geben lassen. Das habe ich bei meinem Lehrer Gordon Smith gelernt und finde es extrem praktisch. Du bittest jeden Kontakt in der geistigen Welt, der durch dein Höheres Selbst Verbindung zu dir aufgenommen hat, um ein Zeichen. Das kann eine körperliche Empfindung sein (wie bei mir das Knacksen des Genicks zu Beginn meiner Kommunikation mit Alí), eine Veränderung der Temperatur im Raum, eine Veränderung der Helligkeit, ein Gefühl, als würde jemand deine Wange streifen oder das Zucken eines Zehs.

Als ich begonnen habe, intensiver mit der geistigen Welt zusammenzuarbeiten, meldete sich fast jeden Tag ein neuer Kontakt mit einem anderen Erkennungszeichen, bis ich irgendwann kaum noch durchgeblickt habe. Ich habe mir die verschiedenen Erkennungszeichen dann einfach aufgeschrieben, und das kann ich auch dir nur empfehlen. Zum Beispiel so:

- Kontakt Höheres Selbst: Energieanhebung, Prickeln im Körper, Gefühl von einem Lichtball um meinen Kopf.
- Kontakt Schutzengel: Gefühl, als ob jemand hinter mich tritt, die Hände auf meine Schultern legt und mich von hinten stärkt.

- Geistführer Alí: Kopf nickt nach vorne (früher schmerzhaft, heute nur noch ganz sanft), ganzer Körper richtet sich auf.
- Erzengel Azrael: eine bewusste Präsenz um meinen Körper herum, als ob meine gesamte Aura mit Energie geflutet wird, Öffnung im Herzen.

Bei all dem ist ganz wichtig: Dein Höheres Selbst und deine Helfer aus der geistigen Welt entstammen einer Energieebene, auf der es »nur noch« Licht und Liebe in unterschiedlichen Schwingungen gibt. Sie sprechen aus großer Liebe und Weisheit zu dir. Ihre Botschaften sind darum immer erhebend, liebevoll und wahrhaftig. Solltest du andere Informationen erhalten, kannst du sicher sein, dass sich dein Verstand dazwischengemogelt hat. Die gute Nachricht ist: Üben lohnt sich! Je öfter du in Kontakt gehst, desto stabiler wird dein Kanal und desto weniger kommt dir dein Verstand in die Quere.

Anleitungstext

Verweile nun so lange du möchtest in diesem entspannten, klaren Zustand und spüre wie leicht und angenehm es ist, mit dir selbst und deinem höchsten Sein in Kontakt zu sein.

Bitte nun dein Höheres Selbst, den Kontakt zu deinem Geistführer (alternativ Schutzengel, Heiler etc.) herzustellen. Beobachte wieder geduldig, wie sich die Energie verändert. Vielleicht entsteht ein anderes Gefühl in deinem Körper oder in deiner Umgebung. Nimm die Veränderung wahr und gib dir dabei Zeit. Pause ....

Nun bitte deinen Geistführer, dir ein klares Erkennungszeichen zu geben. Vielleicht siehst du innere Bilder oder hörst innerlich eine

Stimme. Vielleicht spürst oder weißt du es plötzlich wie von selbst. Lass dir Zeit und beobachte einfach, was geschieht. Pause ....

Wenn du so weit bist, bedanke dich bei deinem Geistführer und deinem Höheren Selbst, nimm ein paar tiefe Atemzüge, recke und strecke dich und komme in deinem Tempo wieder zurück ins Hier und Jetzt.

Seelenreisen

Bei manchen Menschen ist der Widerstand gegen den Kontakt mit der geistigen Welt groß, der Verstand steht im Weg oder es gibt eine Angst (meist aus einem früheren Leben), die verhindert, sich wirklich für die geistige Welt und den Kontakt zur eigenen Seele zu öffnen. In diesem Fall empfehle ich meinen Kunden eine geführte Seelenreise in Trance. Dabei wird der bewusste Verstand entspannt, und der Raum zum Unterbewusstsein und zur geistigen Welt tut sich auf. Die Voraussetzung für solch eine Reise ist Vertrauen zum »Reiseleiter« und die Bereitschaft, sich auf ein kleines Abenteuer einzulassen, wofür man reich belohnt wird. In Trance kann zusätzlich der Grund für den erschwerten Kontakt gefunden und in vielen Fällen für alle Zeit aufgelöst werden.

Der Ablauf einer Seelenreise richtet sich nach den Bedürfnissen des Reisenden. Im Normalfall beginnt sie mit einer Rückführung in ein bedeutsames (oder das letzte) Vorleben. Dort erkundet man Details des jeweiligen Lebens und erfasst, was es dort für die Seele zu lernen gab. Dann führt der Reiseleiter die Seele bis zum physischen Tod und dem Augenblick, in dem die Seele sich vom Körper gelöst hat und wieder in die geistige Welt zurückgekehrt ist. Hier nimmt die Seele sich als lichte, freudvolle Energie voller umfassender Liebe wahr.

Diese Erfahrung ist für die meisten befreiend und unvergesslich. Hier begegnet die Seele Mitgliedern ihrer Seelenfamilie. Jenen, die in der geistigen Welt weilen und auch denen, mit denen sie gerade zeitgleich auf der Erde inkarniert ist. Häufig werden dort die ärgsten Feinde als Mitglieder der Seelenfamilie erkannt, die sich für das Leben als Lernpartner zur Verfügung gestellt haben, und Konflikte im aktuellen irdischen Leben können in einem völlig neuen Licht betrachtet werden.

Der Hauptgrund für eine Seelenreise ist der direkte Kontakt, den der Reisende zu seinem Höheren Selbst und seinen hilfreichen Seelenbegleitern aufnehmen kann. In Trance können dann der eigenen Seele Fragen zur Berufung und für den weiteren Seelen- und Lebensweg gestellt und Antworten ohne die Zensur des Verstands empfangen werden. Wer das einmal erlebt hat, dem fällt der tägliche Kontakt mit dem Höheren Selbst erfahrungsgemäß sehr viel leichter. Wer intensiv am eigenen Leib die Liebe der geistigen Welt gespürt hat, will immer wieder dorthin zurückkehren und nimmt den Aufwand dafür meist gerne in Kauf.

Zum Abschluss

Es ist eine wundervolle, schöne und gleichzeitig dunkle, oft grausame Welt, in der wir leben. Die Erde fühlt sich für die meisten Menschen nicht an wie das Paradies. Und doch sind wir alle hierhergekommen, um zu lernen und zu wachsen. Es geschehen nicht nur schöne, sondern auch schreckliche Dinge, und nur wenige von uns haben die Macht, im Großen für mehr Frieden auf der Welt zu sorgen. Doch immer mehr Menschen öffnen sich für das Gute in sich selbst, und jeder hat die Chance, sich mit seinem himmlischen Kern und seiner Seele wieder zu verbinden.

Wenn jeder von uns seinen ihm bestimmten Platz einnimmt und den Weg seiner Seele geht, kann er diese Welt mit jedem Tag ein kleines bisschen besser machen. Ich habe mich dafür entschieden und habe es nicht bereut. Und das kannst auch du.

Denk immer daran: Du bist nicht allein. Dein Höheres Selbst und deine anderen himmlischen Helfer sind stets bereit, um dich zu leiten und die Umstände im Sinne deines Seelenwegs zu gestalten. Du musst nur darum bitten. Ich gebe zu, auch ich selbst denke trotz all meiner Erfahrung nicht immer sofort daran, die geistige Welt um Hilfe zu bitten. Obwohl ich doch weiß, dass sie nichts lieber tut, als uns zu unterstützen. Aber wenn ich es tue, sehe ich meine Jungs regelrecht vor mir, wie sie vor Freude auf und ab hüpfen, weil ich – mit ihrer Hilfe – eine bestimmte Erkenntnis endlich gemacht und weitere Schritte auf dem Weg meiner Seele getan habe.

»Das Universum ist ein magischer Ort, der geduldig darauf wartet, dass unser Verstand größer wird.« Das war der Lieblingssatz meiner Kindheit, und er ist es noch heute. Ich hoffe inständig, ich konnte mit diesem Buch dazu beitragen, dass auch du unsere Welt hier, die sogenannte Realität, und vor allem deine Bestimmung nun mit anderen Augen siehst. Weichst du ab von deinem Weg, fühlst du dich unglücklich und als Opfer der Umstände. Bist du auf deinem Seelenweg, fühlst du dich frei und selbstbestimmt, ganz egal, was geschieht. Und hast du dieses Gefühl erreicht, beginnt sich alles wie von Zauberhand vor dir zu entfalten. Darum vertraue deiner Seele. Dann wird alles einfach, auch wenn es vielleicht nicht immer leicht sein wird. Vertraue deiner Seele!

Dem Himmel sei Dank ...

... und auch noch ein paar anderen Beteiligten. Zuallererst meinem geliebten Mann Thomas, meinem wunderbar-kritischen ersten Testleser, der mir wie immer zahlreiche hilfreiche Hinweise gegeben hat und ohne zu klagen während meiner Schreibzeit viele Hunderunden auf sich nahm. Meiner Tochter Sina, die der Hauptgrund ist, dass ich dieses Buch nun endlich geschrieben habe, und die das wunderschöne Logo zum Seelen-Navigator und die Idee für das Cover dieses Buches entwickelt hat. Meiner lieben Freundin Isolde, die mir auch dieses Mal wieder ihre klugen Kommentare geschenkt hat. Ruediger Dahlke, durch den ich in Kontakt mit so besonderen Menschen wie Ulrich Ehrlenspiel und Anja Schmidt bei Goldmann Arkana kam, die für dieses Buchprojekt sofort Feuer und Flamme waren. Dank an meine Lektorin Anne Nordmann für die Klarheit, die sie diesem Buch gegeben hat. Dank an den ganzen Verlag und alle Helfer, die dazu beitragen, dieses Buch so vielen Menschen wie möglich zugänglich zu machen. Ein großer Dank an all meine Kunden und Teilnehmer, die mir erlaubt haben, so tief in ihre Seelen zu blicken. Danke an den Erdenengel Sigrun, die mir beim Finetuning meiner spirituellen Entwicklung geholfen hat und dies hoffentlich weiter tun wird. Danke an alle Autoren und spirituellen Lehrer, die mich in diesem Leben inspiriert und begleitet haben. Und vor allem unendlichen Dank an meine Seele und meine geliebten Helfer aus der geistigen Welt. Danke, dass ihr so geduldig gewartet habt, bis ich endlich bereit war.

Anhang

Erdenengel

Bei manchen Menschen bleibt trotz gründlicher Bearbeitung ihres Seelen-Navigators ein letzter Rest Unsicherheit bestehen, der von einer grundlegenden Andersartigkeit herrühren kann. Wie in der Einführung beschrieben, kenne ich dieses Gefühl sehr gut. Und auch in Seminaren werde ich oft gefragt: »Mir begegnen immer wieder Menschen, die irgendwie besonders sind, fast so wie Engel auf Erden. Und ich fühle mich auch ›anders‹. Was hat es damit auf sich?« Deswegen beschreibe ich hier der Vollständigkeit halber kurz die verschiedenen Arten von Erdenengeln, die mir bisher bekannt sind.

Als Erdenengel gelten all diejenigen, die sich ausdrücklich zu dem Zweck inkarniert haben, um unsere Welt zu beschützen und zu einem besseren Ort zu machen. Wenn dieses Buch dich gefunden hat, gibt es eine gewisse Wahrscheinlichkeit, dass auch du ein Erdenengel bist oder zumindest einen kennst. Bitte fühle in dich hinein, ob die kommenden Beschreibungen auf dich zutreffen. Wichtig ist dabei wieder: Prüfe es mit deinem Herzen. Nicht mit deinem Verstand oder deinem Ego.

Ein Erdenengel zu sein ist weder besser noch schlechter, als eine »reine Menschenseele« zu sein. Es ist einfach anders. Eine Erdenengelseele hat sich vor dem Eintritt in dieses Leben vorgenommen, der Welt und den Menschen darin in ihrer Entwicklung zu dienen und zu verhindern, dass wir uns durch Kriege und den Raubbau an Mutter Erde am Ende selbst vernichten. Darum hat die Seele unterstützende Anteile anderer Seelenenergien quasi mit dazubekommen, um ihre

Aufgaben hier möglichst effektiv und erfolgreich ausführen zu können. Allerdings ist nicht jeder Greenpeace-Aktivist oder jeder Arzt gleich ein Erdenengel. Erdenengel wirken aufgrund ihrer ausgeprägten Sensibilität oft eher im Verborgenen. Zusätzlich bringen sie meist ein ziemlich großes Päckchen an Menschenseelen-Lernaufgaben mit. Zusammen mit ihrer Engelenergie sind sie in der Lage, Karma schneller abzubauen und dadurch besonders viel Licht und Liebe in ihre Umgebung zu bringen.

Die Zahlen variieren und natürlich weiß es niemand so ganz genau, aber es ist sehr wahrscheinlich, dass etwa zehn Prozent aller Menschen, die aktuell auf der Erde leben, Erdenengel sind und dass die Anzahl unter den Neugeborenen steigen wird. Kein Wunder. Die Erde und wir alle brauchen sie.

Normalerweise beseelt *ein* Seelenanteil einen menschlichen Körper, macht hier seine Erfahrungen und geht beim Tod des Körpers wieder ein in die Gesamtseele, aus der er entstammt, um seine Erfahrungen darin zur Verfügung zu stellen. In dem Fall hat die Seele sich bestimmte Lernthemen und Aufgaben vorgenommen und mehr oder weniger gut bewältigt.

Es gibt aber auch Seelen in menschlichen Körpern, die nicht nur aus einem Seelenanteil aus einer Gesamtseele bestehen, sondern aus seelischen Anteilen aus einer oder mehreren weiteren Seelenquellen. Diese Menschen werden Erdenengel genannt.

Erdenengel gibt es in unterschiedlichen Ausdrucksformen. Je nachdem, welcher Seelenanteil in ihnen zusätzlich zum menschlichen Seelenanteil noch enthalten ist. Allen gemeinsam ist, dass sie sich von klein auf als »anders« und oft als nicht zugehörig erlebt haben. Häufig haben sie das von ihrem Umfeld auch so rückgemeldet bekommen. Die meisten, aber nicht alle Erdenengel sind hochsensibel und reagieren heftig auf große Menschenansammlungen, Chemikalien und jede Form von Gewalt. Sei es in der Realität oder in der Vorstellung. Oft erleben sie auch, dass wildfremde Menschen ihnen ihre Lebensgeschichte erzählen oder sie um Hilfe bitten.

Da sie mit dem Ziel zu helfen in diese Welt gekommen sind, leben viele Erdenengel in Beziehungen, die ihnen nicht guttun. In denen sie missbraucht, ausgenutzt oder misshandelt werden. Das beginnt oft schon im Elternhaus und setzt sich dann als Erwachsene in ihren Partnerschaften fort. Einige flüchten sich aufgrund ihrer intensiven Erfahrungen in Süchte. Drogen, Alkohol, Zigaretten, zu viel oder zu wenig Nahrung. Alles, um der »Realität«, in der sie sich so falsch fühlen, zu entkommen. Bei den Erdenengeln gibt es viele unterschiedliche Formen. Ich zähle hier nur die auf, die mir in meinem Leben und meiner Arbeit bisher am häufigsten begegnet sind. Solltest du sicher sein, ein Erdenengel zu sein, kannst dich aber in keiner der Beschreibungen wiedererkennen, findest du einen Buchhinweis dazu im Literaturverzeichnis.

Puttenengel

Ich nenne sie so, weil viele von ihnen tatsächlich so aussehen und man sie an ihren Bäckchen und ihrer warmen Ausstrahlung erkennen kann. In anderer Literatur findest du für sie meist die Bezeichnung »Inkarnierte Engel«, aber das sind die anderen meiner Meinung nach auch. Puttenengel kommen in männlichen und weiblichen Körpern vor, wenn auch die weiblichen nach meiner bisherigen Erfahrung deutlich überwiegen. Sie tragen in sich einen menschlichen und einen Engelseelen-Anteil.

Puttenengel sehen meist so aus, wie viele von uns sich Engel vorstellen. Sie haben ein hübsches Gesicht, große unschuldige

Augen und oft einen etwas üppigeren Körper. Häufig haben sie Probleme mit ihrem Gewicht, weil sie Essen nutzen, um ihre Lebenskraft zu steigern oder einen energetischen Schutz vor der Welt um sich herum aufzubauen. Ihre Energie ist sanft und liebevoll. In den seltenen Fällen, wo sie etwas weniger Gutes getan haben, entschuldigen sie sich so wortreich, dass man ihnen nicht böse sein kann. Sie verstehen sich aufs Heilen, aufs liebevolle Kümmern, aufs Friedenstiften und sind immer für andere da. Viele Puttenengel können sehr schlecht Nein sagen und aufgrund ihres großen Engagements besteht bei ihnen ein Risiko, sich für andere zu verausgaben und auszubrennen.

Naturengel

Naturengel wirken oft wie größere Ausgaben von Feen, Elfen oder Kobolden. Sie sind temperamentvoll und haben einen sehr eigenen Humor. Wo die Puttenengel ganz auf Menschen ausgerichtet sind, sind die Naturengel es auf Pflanzen, Tiere und die Welt im Ganzen. Sie sind oft intensive Verfechter von Natur- oder Tierschutz und es tut ihnen regelrecht körperlich weh, wenn sie erfahren oder erleben, wie Menschen Tieren oder auch einem Baum Schaden zufügen. Häufig engagieren sie sich im Naturschutz und viele haben einen besonderen Zugang zu Tieren. Ich hatte eine Teilnehmerin in einer meiner Ausbildungen mit intensiv roten Haaren, bei der sich sämtliche Eichhörnchen aus dem nahen Park auf dem Balkon einfanden und sich von ihr füttern ließen. Das ist typisch für Naturengel. Naturengel haben oft den Schalk im Nacken und absolut keine Lust, Regeln zu befolgen. Wenn sie wollen, können sie sehr unterhaltsam sein. Meist ziehen sie aber das In-der-Natur-Sein dem Kontakt mit Menschen vor.

Sternenengel

Ein Teil der Seelenenergie von Sternenengeln stammt nicht aus der Welt der Engel, sondern von einem anderen Planeten. Wir alle haben als Seelen vermutlich nicht nur auf der Erde unsere Erfahrungen gemacht, sondern sind auch in andere Welten, Planeten und Sternensysteme eingetaucht, um dort zu lernen und zu wachsen. Sternenengel haben sich die meiste Zeit ihrer bisherigen Existenz nicht auf der Erde inkarniert. Das Äußere von Sternenengeln und vor allem ihre Augen sind häufig außergewöhnlich, obwohl sich die Sternenengel bemühen, möglichst nicht aufzufallen und eher im Hintergrund zu wirken. Dennoch werden sie oft als sonderbar, kühl und unnahbar empfunden. Wie die anderen Erdenengel sind sie auf die Erde gekommen, um zu helfen. Überall dort, wo ihre Hilfe benötigt wird. Sei es beim Nachbarn im Garten oder bei der Entwicklung zukunftsweisender Technologien. Viele Sternenengel widmen sich der Energie- oder Heilarbeit oder engagieren sich für den technischen Fortschritt. Sternenengel interessieren sich meist seit ihrer Kindheit für Geschichten über UFOs, Science-Fiction oder andere Welten. Manche haben auch das Gefühl, von Außerirdischen begleitet zu werden und nehmen statt eines Schutzengels eine andere Lebensform wahr oder sehen als Kraftort in Meditationen oder im Traum ein Raumschiff, das sie beschützt.

Hybridseelen

Eine besondere Form der Erdenengel sind die sogenannten Hybridseelen. Hybridseelen bestehen aus einem menschlichen und mehreren weiteren Seelenanteilen. Das können neben der Putten-, Natur- oder Sternenengel-Energie auch Anteile von

Erzengel- oder in seltenen Fällen auch Elohim-Energien sein. Oder eben auch mehreres davon zusammen. Diese Kombination erklärt mir persönlich alle besonderen Erfahrungen, die ich im Laufe meines Lebens gemacht habe.

Literaturverzeichnis

Anselmi, Reindjen. Der Lichtkörper. Ein Überblick über den globalen Transmutationsprozess. Koha, 2013.
Banzhaf, Hajo. Tarot und die Reise des Helden. Hugendubel, 1997.
Hillmann, James. Charakter und Bestimmung. Goldmann Arkana, 2001.
Theler-Banzhaf, Brigitte. Tarot und die Magie der Zahlen. Goldmann, 2009.
Richards, Dick. Weil ich einzigartig bin. Herder, 1999.
Günter, Jan-Henrik. Die Seele heilen mit Reinkarnationstherapie. Hugendubel, 2007.
Haas, Jana. Der Seelenplan. Trinity, 2014.
Hardo, Trutz. Das große Handbuch der Reinkarnation. Peter Erd Verlag, 1998.
Hasselmann, Varda. Die Archetypen der Seele. Goldmann, 2005.
Hetzner, Johanna. Mit Engeln sprechen. Arkana, 2014.
Lucia, Awen. Die Elohim. Schirner, 2013.
MacLeod, Ainslie. The Instruction. Windpferd, 2008.
Newton, Michael. Die Reisen der Seele. Astrodata, 1996.
Yarbro, Chelsea Quinn. Michael Band 1. Edition Borg, 1998.
Roman, Sanaya & Packer, Duane. Das Praxisbuch des Channelns. Ansata, 2008.
Schneider, Petra. Die Elohim. Windpferd, 2009.
Schneider, Petra. Die Seele verstehen. Windpferd, 2009.
Schwartz, Robert. Jede Seele plant ihren Weg. Ansata, 2012.

Virtue, Doreen. Die neuen Engel der Erde. Allegria, 2008.
Voggenhuber, Pascal. Entdecke deinen Geistführer. Giger, 2011.
Wilde, Stuart. Die Kraft ohne Grenze. Undine, 1994.
Wilde, Stuart. Wunder. Undine, 1993.
Yilmaz, Bahar. Der Ruf der geistigen Welt. Ansata, 2014.

Coaching-Ausbildungen, Seelenreisen und Coaching auf der Engelsfarm

Ganzheitliche Coaching Ausbildung

Du hast erkannt, dass eine der Aufgaben deiner Seele ist, andere Menschen zu unterstützen?
Dafür braucht es solides Handwerkszeug. Deshalb führe ich seit über zehn Jahren die Ganzheitliche Coaching Ausbildung durch. Darin lernst du, berufliche Themen, vor allem aber auch persönliche und seelische Themen deiner Kunden zu begleiten und ihre Entwicklung zu unterstützen. Und ganz nebenbei entwickelst du dich dabei intensiv selbst weiter.
Zusätzlich zur Basisausbildung gibt es Aufbau-Module, in denen du weitere vertiefende Methoden lernst. Und in denen es unter anderem um die Themen geht, die du hier im Buch kennengelernt hast.

Seelenreisen

Du möchtest sichergehen, dass die Antworten, die du hier im Buch für dich gefunden hast, „richtig" sind?
Bei dieser inneren Reise in Tiefenentspannung erlebst du dich als unsterbliche Seele und kannst Fragen an dein Höheres Selbst stellen. Das können grundlegende Fragen dein Leben oder deine Seele betreffend sein, oder solche, die für dich gerade zum jetzigen Zeitpunkt wichtig sind.

Karriere-Navigator

Du möchtest deine Berufung finden und sie im für dich passenden Job leben?

Das gelingt mit dem Karriere-Navigator, den du im Einzel-Coaching oder im Workshop auf der Engelsfarm durchführen kannst. Oder als zwölfwöchiges Online-Coaching ganz in deinem Tempo bei dir zu Hause.

Kontakt und weitere Informationen
Website: www.coaching-up.de
Facebook: www.facebook.com/AngelikaGulder

Die Göttin in sich entdecken!

544 Seiten. ISBN 978-3-442-34182-5
Auch als E-Book erhältlich

Die weltweit renommierte Gynäkologin und Bestsellerautorin Christiane Northrup führt in das Geheimnis der Alterslosigkeit ein und fordert dazu auf, endlich all das zu tun, was Frauen zu alterslosen Göttinnen macht: die Selbstheilungskräfte stärken, optimale Ernährung, die Freizeit erfüllend gestalten, sich der spirituellen Dimension öffnen – um maximal sinnlich, vital und freudvoll zu leben.

Eine wahre Geschichte voller Wunder

416 Seiten. ISBN 978-3-442-34184-9
Auch als E-Book erhältlich.

Im Sommer 2006 unternimmt der Seher und spirituelle Lehrer Aaravindha Himadra eine abenteuerliche Reise in ein unzugängliches, nahezu mythisches Tal im Himalaja. Dort trifft er die legendären Amartya-Meister, höchst verwirklichte menschliche Wesen. Sie sind die Hüter von geheimem spirituellem Wissen einer uralten Tradition, das sie dazu befähigt, die Begrenzungen des Todes zu überwinden.

Wundervolle Engelbilder zum Ausmalen

152 Seiten. ISBN 978-3-442-34195-5

Elena Aviar hat faszinierend schöne und kraftvolle Bilder geschaffen, die ihr die Engel in die Feder haben fließen lassen. Jedes Bild besitzt eine spezielle Energiequalität, die sich beim Ausmalen und auch beim bloßen Betrachten entfaltet: zum Beispiel Gesundheit, Schutz, Liebe, Weiterentwicklung, Stärke oder Glück